おひとりさま介護 増補改訂版

すぐに使える！
介護の手続き情報付

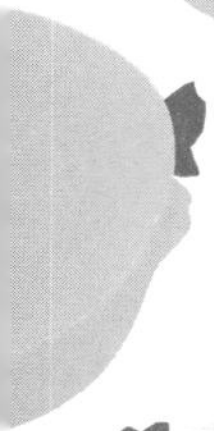

村田くみ

河出書房新社

はじめに

「こんなはずじゃなかった」

今まで介護のニュースを耳にしても、他人事でしかありませんでした。アラフォーのこの年で、自分がまさか親の介護をするとは……。

「人生、一寸先は闇」とはよく言ったものです。

私は出口の見えないトンネルに入ってしまったのです。

私は高校卒業後、大手電機工事設備会社に就職、営業部に配属されました。メイン業務はお客様や営業マンへのお茶出しと勤務表のチェック。いわゆる「雑用係」でした。そして、マスコミの仕事へ就くことを夢見て退職。専門学校に通いながら1年間ぐらいは編集のアルバイトと就職活動をして、1995年に毎日新聞社に入社、週刊誌「サンデー毎日」の記者になりました。のちに社会人入試を利用して大学を卒業し、中退しましたが大学院まで進学しました。

勉強ができたのは親元で暮らしていたからです。

実家で暮らせば家賃や光熱費は1円もかかりません。親からも請求されたことがなかったので、社会人になってから家にお金を入れたこともありません。転職活動をしている最中も、まったく焦りはありませんでした。

そう、私は世間でいう「パラサイトシングル」「負け犬」であり、自称「箱入り娘」だったのです。自分の稼いだ給料は、自分のために使う。ふらりとデパ地下に寄って、流行のお菓子や雑貨を衝動買いするのが日常。「ここに行きたい」と思ったら休暇を取って、海外でも国内でも気軽に旅行へ行く。自由気まま、お気楽人生だったのです。

そのツケがまわってきたのは、37歳のときでした。

まず、大黒柱だった父が末期の食道がんにかかっていることがわかり、半年も経たないうちに逝ってしまいました。２００７年のことです。自分中心から親中心の生活に一変したのは、この頃です。

その1年後、母が倒れました。すると、1日1日を過ごすだけで精一杯。1年後の自分がどうなっているかなど、想像もつかなくなりました。

「30代のうちに結婚して、40歳前に第1子を授かれば」と青写真を勝手に描いていましたが、はたと気がつけば40代です。

母の介護を始めてから早くも2年が過ぎました。世の中にはもっと壮絶な介護を体験された方、または何十年と介護を続けている方もいます。

そういう方からすれば、「たったの2年」、あるいは「まだ2年」と思うでしょう。でも、私にとっては暗闇の2年なのです。10代を過ぎてもまだまだ続いていたバラ色の青春時代がある日突然、途絶えてしまったのです。

本書では、私自身の経験をもとに、親が病気で倒れたときにどのように対応したらよいのか、そして、難しい介護保険について、資料を用いてわかりやすく説明しました。また、介護で困ったとき、解決への手がかりとなる情報を紹介しています。

私自身、いまだ迷いながら介護をしている最中ですが、私のように「おひとりさま介護」をしている方、「おひとりさま介護予備群」の方たちのお役に立てれば幸いです。

●目次

第二章　何もかもわからない介護保険

第三章　母と私の葛藤の日々

第四章　困ったとき、「救いの手」は必ずある

第五章　おひとりさまの不安が消えるとき

編集協力 葉月社

おひとりさま介護　増補改訂版　すぐに使える！　介護の手続き情報付

第一章　突然降りかかってくる「親の介護」

母、倒れる

２００8年5月、母（当時74歳）が突然、自宅で倒れました。

父は前年に他界し、母と2人で暮らし始めてから、ちょうど1年を迎える頃でした。

夜になっても肌寒さを感じなくなった季節。私は仕事が終わっても、まっすぐ自宅には帰らず、駅ビルの本屋で立ち読みをし、コンビニで買い物をして、帰宅したのは9時過ぎでした。

「ただいまー」

玄関を開けても何の応答もない……。

普段は「お帰りー」と母の声がするので、この日はいつもと違う感じがしました。

玄関の側にある自室には入らず、居間に進むと部屋の電気はついたまま。ガスコンロの上には、雑炊かおじやのようなご飯の塊が鍋の中に放り込まれたまま。洗い物は流し台に積み上げられたまま。生ゴミも散乱していました。

〝いつもと違う〟光景が次々と目に飛び込んできました。

母の寝室に向かうと、それが現実になったのです。

母は布団の上で服を着たまま、枕の上に足を乗せて、ぐったりと伸びていました。

しかし、このときの私は、まだそんなに慌てていませんでした。母は父が死んでから気分の落ち込みが激しく、ここ数日は呼びかけても返事がなかったり、気がつくと床に伏している日が続いていたので、てっきり落ち込んで寝ていたのだと思ったのです。

私はすぐ、近所に嫁いだ姉に電話をして、

「最近、お母さんの落ち込みが激しいから、明日はパートが終わった後、うちに寄って様子を見てほしい」

と連絡を取りました。

電話をした後、もう一度寝室をのぞくと、私が帰宅したことがようやくわかったのか、母は何度か起き上がろうとしました。そして……。

ドサッと仰向けになって倒れた瞬間、目を見開いたまま、口から黄色い液体を噴き出したのです。

私は「何か消化の悪い物でも食べたに違いない」と思い、**入院施設がある、かかりつけの病院に電話をかけて、当直の医師に母の症状を伝えました。**

「今からきてください。でも、こちらからは迎えに行けませんので、車の手配はそちらでしてください」

マイカーがない私は即119番にコールしました。

なぜ咄嗟《とっさ》に119番通報を思いついたのかというと、1年ほど前、末期がんだった父が自宅で過ごしていたときに容態が急変、主治医に電話をして、どうやって病院まで行ったらいいのかと相談したところ、

「救急車を使って病院まできてください」

と言われたからです。そういう利用の仕方もアリなんだと、初めて知りました。

『消防白書』（平成20年版）によると、2007年に救急搬送した人は全国で約490万人。そのうち51％が軽症傷病者だったそうです。救急車の安易な利用は、社会問題にまで発展しています。

救急車はめったに利用することがないので、いざというときに119番通報を躊躇《ちゅうちょ》するかもしれませんが、**緊急な場合は救急車で患者を搬送できる**のです。

もし、**緊急ではないけれど、どうしたらよいのか困ったときには、一般救急の相談センターに相談する**のがよいでしょう。

救急車は10分もかからず到着しました。母は担架で運ばれて救急車の中に入ったとたん、嘔吐《おうと》が止まらなくなって意識が混濁《こんだく》。救急隊員の呼びかけにも反応しなくなったのです。

くるまっていた赤い毛布が黄色い液体まみれになっていく様子を見て、私の頭は混乱してきました。

急変した容態を見て、救急隊員は向かう予定の病院に慌てて電話をかけてキャンセルし、近隣の救急病院に片っ端から連絡を取り始めたのです。

「これは大事になる」

と直感した私は、再び姉に連絡を取りました。

「これから救急車に乗って病院に向かうから、着いたら連絡をするね」

と言い、救急車の車内に残りました。

ところが、私の住むエリアの病院には、ことごとく断られてしまったのです。理由は「循環器専門の当直医がいないから」。それを聞いて、ようやく私は母の容態悪化の原因は、「胃の不調」ではなく、「心疾患」だということを理解しました。

1時間ほど経過した後、ようやく受け入れ先が見つかり、病院に到着したのは午前0時頃でした。

母はすぐ人工呼吸器をつけられました。口の周りはテープでぐるぐる巻きになって、どんな表情をしているのかまったくわからなくなりました。

「とりあえず何かあったら電話をかけますので、ご家族の方は自宅に帰ってもいいですよ」

当直の医師に言われて病院を追い出された私は、嘔吐物まみれになった赤い毛布を丸めて小脇に抱え、夜の町に呆然《ぼうぜん》と立ちつくしたのです。

タクシーでようやく自宅にたどりつき、混乱した頭を落ち着かせるためにシャワーを浴びて休もうと思ったのも束の間、夜中の3時過ぎ、再び病院から呼び出されました。

「急に危ない状態になりました。早く病院にきてください」

タクシーをどこで拾ったのかは覚えていません。不思議と涙も出ず、ただ、車の中から白く光る月をぼんやり眺めていました。

医師の死刑宣告

病院へ向かうタクシーの中、私は今後のことで頭がいっぱいになっていました。

父の一周忌を目前に控えていたので、「一周忌と葬式を同時にやらなければならないのかな」と。

病院へ到着すると、医師から「ここ1日ぐらいがヤマと思ってください」と告げられました。

まるで死刑宣告でした。

私は病院にくるまでの間、母の葬式のことを考えていたのに、医師からあらためてそう言われてショックを受けたのです。

でも、そのときの感情はどうしても思い出せません。普通であれば、母が亡くなるという直面に立たされたとき、取り乱して泣き叫ぶ……のでしょう。しかし、私は泣きませんでした。悲しい、さびしいといった感情よりも先に、その後のことを考えるのに頭の中がいっぱいになっていたのかもしれません。ただ呆然とその場に立ちつくすといった状態でした。

私と姉は談話室でずっと待機していました。何度か看護師さんたちが慌てて病室に駆け込んでは心臓マッサージのような行為を行っていました。そのたび、病室を遠目に見ながら、「あ～あ、ついにお迎えがきたか」と思ったものです。

しかし、「ここ1日がヤマ」と言われていたのに、2日経っても3日経っても「ヤマ」はきませんでした。

そう、私は「ヤマがくる」ことをどこかで願っていたのです。

父が死んで母が私の扶養家族になってから、2人の力関係は逆転してしまいました。まだ、母の身の回りの世話まではしていませんでしたが、目に見えてやつれていく母を見ていて、これからの生活はかなり負担が増えることを、なんとなく恐れていたのです。「助かってほしい」という気持ちとは裏腹に、「これで母の面倒を看《み》なくてもすむ」という気持ちを私は抱えていました。助からないことに安堵しているもうひとりの自分がいたのです。

父の最期は、ベッドの脇にかけられたビニール袋に尿がポタポタとたまっていたのがピタリと止まって、それから呼吸がゆっくり静かになっていきました。その光景が目に焼きついていたのか、私は母の側にいる間中、尿がたまったビニール袋ばかりを眺めていました。

救急病院に担ぎ込まれてからの5日間は、談話室のソファーで寝泊まりし、お風呂は病院の近くの銭湯ですませるという毎日でしたが、私の持病の腰痛が悪化し、体力も限界にきたので、自宅に戻って寝ることにしました。

自宅へ戻って、まずしたことは、タンスにしまい込んでいた「喪服」を取り出すこと。そして、黒いシャツを買い込み、貯金通帳とにらめっこしながら、葬儀にかかる費用をソロバン勘定していました。

「これで私もついにひとりになるんだ。どうやって生きていこうかな」

30代で〝みなしご〟になる不安と絶望感が交錯したものの、勝手きままにひとり旅にでも行くような自由を手に入れられるのだと前向きに思い直したものです。

「会社勤めをしっかりしていれば、道を外すこともないだろう」

と、ひとりきりになった生活を想像しながら心の準備をしていたのですが……。

奇跡が起きる

入院して2週間が経った頃、テープで口の周りをぐるぐる巻きにしてつけられていた人工呼吸器が外されました。

何が起きたのかわからずに、ベッドの傍らで立ちつくす私に、

「奇跡が起こりましたよ」

と看護師さんから声をかけられました。

「お母さん、回復しましたよ。今日先生から人工呼吸器を外してもいいという指示がでたんです。よかったですね」

姉と2人、顔を見合わせて「信じられない」と喜び合いました。病棟の看護師さんがローテーションで母の世話をしてくれたり、医師の献身的な治療が功を奏したのだと、感謝の気持ちでいっぱいになりました。

しかし、長い眠りから覚めた母はというと、私たちが「お母さん」と呼びかけても、「どなた様ですか」。娘の顔がわからないのです。目を開けても視点が定まらず、「キョトン」とした表情で意味不明な言葉を発するのです。

その様相を見て、私は**母が死の淵から生き返ったと喜ぶと同時に、「これはエライことになる」と血の気が引いてしまいました。**

さらに、看護師さんから夜中になると母が突然起き出して、廊下を徘徊《はいかい》するという話を聞いたときには、その場で卒倒しそうになりました。

看護師さんは、徘徊している母を見つけると、「もうベッドに戻りましょうね」と声をかけ、手を引いてベッドに連れ戻すのだけれども、しばらくすると、またおもむろに起き出して、廊下をウロウロと歩き出すというのです。母は、昼間は完全に寝たきりでした。ポータブルトイレで用を足していましたが、「音が周囲に漏《も》れるのは恥ずかしい」と、強引に歩行器を使ってどうにかトイレまで歩いていたという状態だったのです。それがなぜか夜になると看護師さんの手を振り払うように、スタコラ歩き出すのだそうです。

「こんな状態で自宅に帰されたら、夜は誰が面倒を看るのだろう……」

母が回復するたびに、うれしくない気分になる私がいました。

治療が終われば病院にはいられない

ベッドの上で辻褄の合わないことを言い出す母。それを横目で見ているうちに、私は頭が混乱してきました。

自宅で、今までのように生活するのはムリ。でも、どうしたらいいのかもわからず、途方にくれる毎日でした。

また、予想に反して衝撃的なことが起こりました。入院が1カ月を過ぎた頃、医師から突然、退院を迫られたのです。

母は急性心不全でした。病院に運ばれたとき、血液中のヘモグロビン（血色素量、Hb）の量は5・0g／dℓを切っていました。11・3g／dℓ以下は標準値以下となり、貧血と診断されます。

「貧血の悪化が急性心不全を起こした原因ですが、なぜ悪化したのかはわかりません。体中を調べましたが、どこも悪いところは見つかりませんでした。これまで飲んでいた薬の副作用が疑われます」

と主治医から説明がありました。つまり、体のすみずみまで検査をしたけれど、医学的にはどこも悪いところはないから退院だというのです。

でも、母はまだベッドから起き上がるのも困難でした。ベッドの柵につかまって横になり、体を回転させた勢いを使ってようやく起き上がるのです。足はむくんでいて、魚のウロコのようにポロポロと皮膚は剝がれおち、寝間着も布団も粉だらけでした。こんな状態で家に帰って大丈夫なのか……。

ひとりで日常生活が送れるようになるためにリハビリテーション（リハビリ）を受けたいと私が訴えても、

「後遺症はありませんし、退院して自宅の近くを散歩すれば、すぐに日常生活に戻れますよ」

と取り合ってもらえませんでした。

せめて要介護認定を受けるまで入院させておいてくれないかとお願いしても、

「病院は静養する場ではないので、介護サービスを受けるまで治療もせずに病院にいることはできませんね」

とキッパリ断られ、気の短い私はカーッと頭に血が上ってしまいました。

今の医療制度は診療報酬制なので、**「点数加算される治療行為がなければ病院にいてもらう大義名分がない」**というのです。

入院期間中は寝たきりで、病院では一切リハビリも行われず、74歳の母の体力は確実に損なわれていました。体力が落ちた状態で家に戻っても、そうそう動けるはずがありません。

今の状態で家に帰ったらまずい、なんとか転院できないかと、インターネットで回復期の病院（身体機能が低下した患者を対象に、在宅復帰と寝たきり防止を目的としたリハビリを行う病院）を探して電話をしたのですが、必ず「紹介状が必要なので、主治医に書いてもらってから連絡ください」と言われました。

ところが、肝心の主治医はというと、「転院は必要ない」の一点張りだったのです。

救急で病院に運ばれた場合、医師を選ぶ余地はありません。家族や患者の要望に耳を傾けてくれる医師でなければ、病状が落ち着いた後にどうするかの選択は「自宅に戻る」しかありません。日常生活がひとりでできるまで病院で体力を戻すことすらもハードルが高くなるのです。

このような状態にならないためには、いざというときの病院を決めておかなくてはなりません。母の場合、その備えがなかったため、さまざまな問題が起こりました。

そのひとつが、病院のたらい回しです。

母は、救急車に乗り込んでから、病院の受け入れ先が決まらず、1時間ぐらい車内で待機する事態へと陥りました。あと1時間遅かったら、本当に手遅れになっていたかもしれません。

たらい回しに遭わないためには、どのようにしたらいいのでしょう。

救急車が到着すると、救急隊員からかかりつけの病院について聞かれます。そのとき、いざというときの受け入れ先が確保できていたら、その病院に連絡を取り、すぐに搬送してくれます。だから、**受け入れ先の病院を確保しておく**ことが大切なのです。

では、受け入れ先の病院はどのように確保しておけばよいのでしょうか。

そのためには、ある程度の年齢になったら、あるいは病気がちになったら、**近所にかかりつけ医を持たなくてはなりません。**そこで、まずはなんでも相談できる関係を築き、万が一のときはどうしたらいいのか、入院治療しなければいけないときはどこの病院へ入院したらよいのか、アドバイスをもらっておきましょう。もし、アドバイスがないようでしたら、新たにかかりつけ医を探したほうがいいかもしれません。

いざというときの病院を紹介してもらえたのならば、退院後も安心できます。紹介してくれた病院とかかりつけ医とは連携が取れているはずです。入院治療が終わって自宅に戻ったけれども通院できないときは**「在宅医療」を選択する方法もあります。かかりつけ医がいれば、母のように体力が落ちてしまったときも、どうしたらよいのか相談ができ、何か手が打てたはずです。**

母はふだんから自宅近くのクリニックに通っていました。万が一のときに「どの救急病院に運んでもらったらいいのか」「急変したとき、どんな症状になるのか」「救急車が到着するまでに、家族ができることは何か」「退院後、どうしたらよいのか」といったことを、日頃からクリニックの医師と相談しておくことが大事だと思いました。

予想外の要介護認定結果

私は母の転院先を探すのと同時に、退院する前に要介護認定を受けなくてはいけないと思いました。手続き方法はわからなかったので、とりあえず役所に電話をすると、

「所定の用紙に必要事項を記入する手続きがあるため、介護保険証を持参して役所までできてもらえますか？」

と、言われました。

「忙しいのでムリです」

と返事をすると、自宅の近くにある**「地域包括支援センター」に行くように勧められました。**

地域包括支援センター？　それがどんな施設なのか知識のない私はとまどいました。職員によると、**「地域包括支援センター」とは２００６年度から全国の自治体ごとに設置された施設で、福祉についての相談や介護が必要にならないように身体のケアを行っているところ**だと説明を受けましたが、気ばかり焦っていたため、あのとき施設について理解できたとは言い難いです。

それでも言われたとおりに手続きを進めました。すると、申請してから約1週間後、要介護認定の訪問調査のために役所の女性担当者が病室にきました。親切でベテランという感じがしたので、

「何をどうしたらいいのか、手続きの方法がさっぱりわからないんです」

と、思わず泣きついたのです。

「まず『居宅介護支援事業者』を探し、ケアマネジャー（介護支援専門員）を決めることです。**要介護度が出ていない期間でも暫定でサービスを受けられます。**退院後はケアマネジャーと相談して、ケアプランを考えてもらうといいでしょう」

と、アドバイスを受けました。

「居宅介護支援事業者」とは介護サービスを受けるためのケアプランを、要介護度に応じて作成してくれるところです。

そして、要介護認定をするための調査が始まりました。

介護保険による介護サービスを利用するには、「介護が必要である」と認定されなければなりません。そのため、介護が必要な状態か、どの程度介護が必要かを客観的に評価する「要介護認定」を受けるのです。**要介護認定で要介護度のランク付け（表1）をされて、ようやく利用できる介護サービスの種類や保険給付額の上限が決まる**のです。ちなみに、要介

〈表１〉その後を左右する要介護認定

介護経験のない人は、要介護度を高く見積もってしまいがちです。自治体などからもらった資料をみて、「要介護３だろう」と思ったのならば、「要介護２」だと考えたほうが無難です。

しかし、認定に納得できないときは、ケアマネジャーに相談しましょう。

区分	状態のめやす
要支援１	排泄や食事はほとんど自分でできるが、身の回りの世話の一部に介助が必要。状態の維持・改善の可能性が高い。
要支援２	食事、排泄などはできるが入浴などに一部介護が必要。要介護になるおそれがある。
要介護１	排泄、入浴など生活の一部に介助が必要。認知力や理解力に衰えが見られることもある。
要介護２	排泄、入浴などに一部もしくはすべて介助が必要。認知力や理解力に衰えや問題行動が見られることもある。
要介護３	排泄、入浴、着替えについてすべて介助が必要。認知力や理解力が低下し、問題行動が見られる場合がある。
要介護４	排泄、入浴、着替えについてすべて介助が必要。認知力や理解力の低下で問題行動が増える場合が多い。
要介護５	寝たきりの状態。生活全般にわたって全面的な介護が必要。意思の伝達がほとんど、またはまったくできない場合が多い。

※要介護認定の有効期間は、原則新規は６カ月、更新認定は 12 カ月です。ただし、状態が安定しない人は３カ月ごとに見直されます。

護度が高いほど、たくさんのサービスが利用できます。

要介護度は病状の重さで変わると考えがちですが、そうではありません。**どのくらい介護を必要とするかで判定をする**のです。つまり、排泄、入浴、着替え、立ち上がりや歩行など日常生活を送る上でどの程度の「介助」が必要か。必要な「介助」が多ければ要介護度が重くなり、自分でできることが多ければ軽くなります。たとえ**がんを患っていても、日常生活に支障がなければ、介護はいらない**のです。

調査は心身の状況に関する項目、特別な医療に関する項目など82項目（現在は74項目）をインタビュー形式で行いました。私は、「あまり張り切ってしまうと軽い判定が出てしまう」と耳にしていたので、調査がくる前、母に「とにかく何もできないと答えるように」と話をしていました。

調査では、次のようなことを質問されました。

・肩や膝などの関節は、どの程度動くか。
・自分でベッドから起き上がりができるか。
・立ち上がりができるか。
・床ずれがあるか。

・尿意、便意があるか。
・衣服の着脱がひとりでできるか。
・意思の伝達ができるか。
・感情が不安定で、物を壊すなどの問題行動はあるか。
・過去14日間に受けた医療はあるか。

調査は1時間以上かかったと思います。母は「背中が痛くて起き上がれない」と言い訳してベッドに横になり、毛布を首までかぶったまま、頭も動かさずに答えていました。

役所の女性担当者から介護保険制度の概要が書かれた小冊子をもらいました。それを見ると、「要介護3」の欄に「立ち上がりや歩行などは自力ではできない。排泄や入浴などには全介助が必要」と書かれており、その状態が母に当てはまることから、母は「要介護3」は確実だと私は思い込んでいました。

判定が出るまで30日かかりますが、暫定的に介護サービスを受けられます。私は「要介護3」の点数を想定して皮算用していたのですが、送られてきた結果を見て唖然《あぜん》としてしまいました。

母は、「要介護2」だったのです。

また、私は頭を抱え込んでしまいました。

◆すべては要介護認定から始まる

介護サービスを利用するのには、まずは介護が必要だと認定されなくてはいけません。

認定までの手順は次のとおりです。(図参照)

① 市区町村の窓口に申請をする。

② 市区町村の職員や、介護専門支援員などが訪問し、心身の状況などの基本調査、概況調査、特記事項について聞き取り調査を行う。

③ 訪問調査の結果と主治医の意見書をもとに「介護認定審査会」で審査する。

④ 30日後、審査結果が届く。

認定されたら、居宅介護支援業者と話し合い、ケアプランを作成することができます。ただし、「施設で暮らす」ことを希望するのならば、自分で希望の施設に入所の申請を行わなくてはなりません。

〈図〉介護サービスの利用方法

介護サービスは、申請しなければ何も利用できません。介護が必要になったら市区町村にすぐに連絡しましょう。

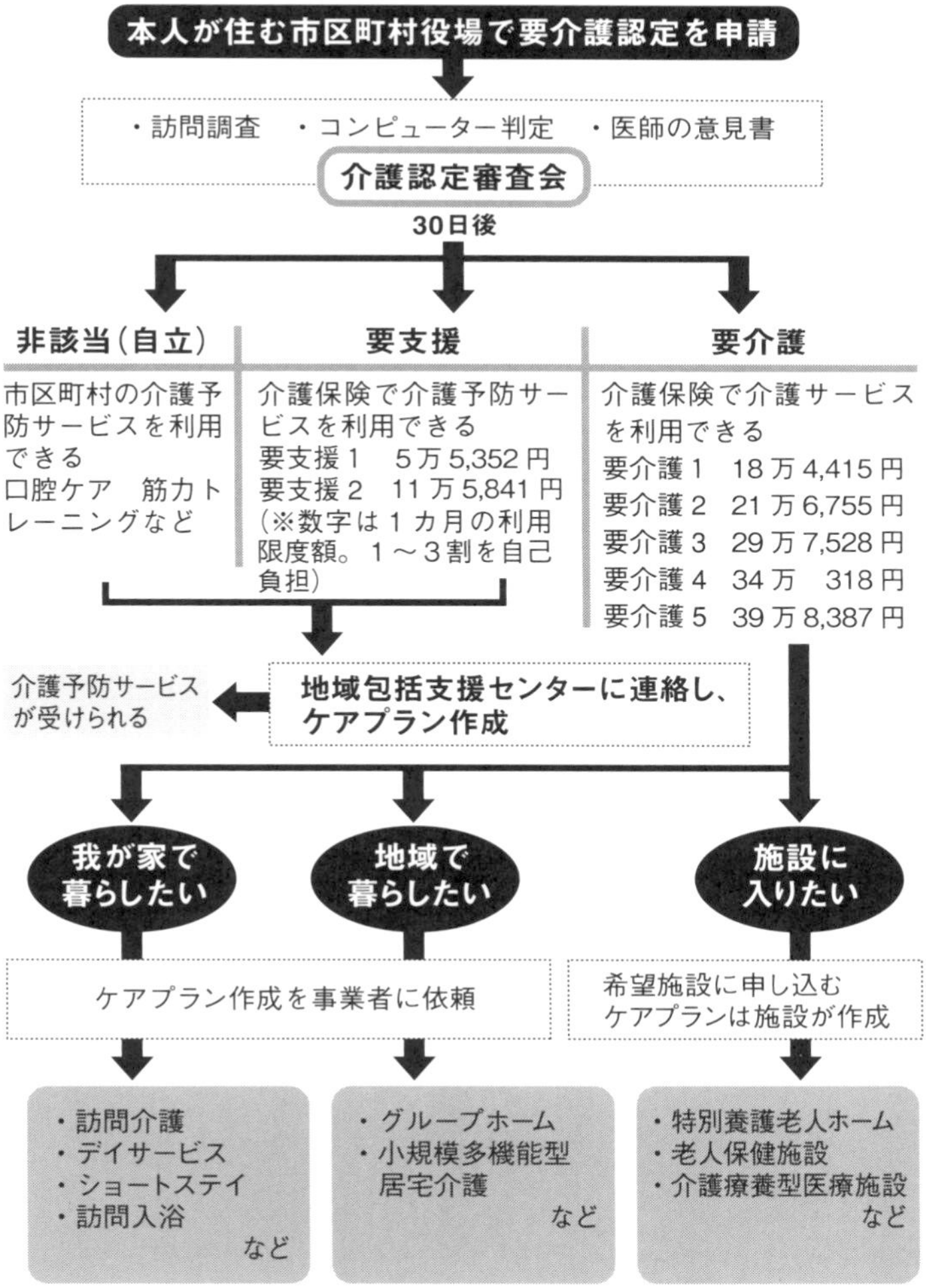

また、「要支援」「非該当」と認定された人でも、介護予防サービスが受けられますので、地域包括支援センターに相談しましょう。

再び、入院

退院して自宅に戻った母は、夜中に徘徊することはありませんでしたが、食事をまったくとらなくなりました。なぜ徘徊がなくなったのか、理由はわかりません。食事はおかゆを作っても箸をつけず、ゼリー状の栄養補助食品をなんとか胃に押し込んだ状態で、食欲不振の日が続きました。

退院前に介護サービスでデイサービスを利用できるようにしましたが、母はデイサービスに通うのをイヤがり、家に閉じこもる毎日になってしまいました。

そして、1カ月も経たないうちに、今度は吐血をして別の病院に入院することになったのです。2008年8月のことです。

自宅ではひとりきりの時間が長いので、退院後、私の留守中に何かあったらと不安でしたが、容態が再び悪化したのは、幸いにもまた私が自宅にいたときでした。

今度の診断結果は、急性胃潰瘍でした。

「原因は病気になったことのストレス、また食事をとらない上に強い薬を飲み続けていたので、胃に負担がかかったのではないか」

救急搬送された際、応急処置をしてくれた医師から言われました。

前回入院したとき、心臓のエコー検査は受けていなかったので、あらためて心臓の検査を受けることになりました。

その結果は……。

「動脈硬化から心筋梗塞《こうそく》を起こした跡がある」

という衝撃的な内容でした。

動脈硬化の原因には大きく2つあり、ひとつは高コレステロールが血管を詰まらせるのと、もうひとつは老化による心臓の末端の収縮です。母は後者のタイプの動脈硬化を起こしていたのです。最初の急性心不全で倒れた原因は、貧血ではなく動脈硬化による心筋梗塞だったのです。

母は胃潰瘍の経過が良好になった頃、今度は心臓にカテーテル（医療で用いる管）を通す手術を受けることになりました。

そして、再び1カ月ほど入院生活を送ることになり、母の体力はさらに落ちていきました。

◆リハビリの重要性

健康な人であっても、体を動かさなければ、**筋肉は固くなり、関節の曲げ伸ばしができなくなるといった症状（表2）が現れます。これらの症状を「廃用症候群」とい**います。

母は急性心不全で倒れて約2カ月入院生活を送りました。退院後、母は立ち上がるのも、やっとの状態でした。私はリハビリをしてもらいたかったのですが、それは叶いませんでした。

一般的に脳梗塞などの脳血管障害を起こした場合は、回復期の病棟や病院（リハビリテーション科やリハビリテーション病院）へスムーズに移ることができます。しかし、脳血管障害以外の疾患では、リハビリへうまく移行できないこともあります。

東京慈恵会医科大学リハビリテーション科教授の渡邉修先生は、リハビリの必要性を教えてくれました。

「循環器疾患の場合、元気に回復されたのであるならば、リハビリはほとんど必要ありませんが、**高齢者で起き上がるのもやっとの状態になってしまったのならば、リハ**

〈表２〉廃用症候群とは何か

母は退院後、手すりはつかめるけれど、腕の力、腹筋力、背筋力がなくなったため、起き上がることができなくなりました。

70 歳を過ぎた人がベッドで２週間も安静にしていると、下記のような廃用症候群を起こすことがあります。カゼで寝込んだことがきっかけで寝たきりになってしまう人もいるのです。

廃用症候群は筋肉だけでなく、骨、関節、皮膚、さらには心臓、肺臓など内臓にも起こります。寝たきりの人の骨が弱くなる、床ずれができるなども含まれます。

高齢者の場合、関節は１日動かさなかっただけで固くなってしまい、１週間動かさないと、もとに戻すのに 52 日かかるという報告もあるので、親が病気になったらリハビリのことを考えなくてはなりません。

〈運動器障害〉 関節拘縮は関節の動く範囲が制限され、ムリに動かそうとすると痛みを生じる。ほかには廃用性骨萎縮（骨粗鬆症）、筋力低下、腰背痛、五十肩。
〈循環器障害〉 寝た位置から起きると血圧が下がり脳貧血症状を起こす。歩行不安定、転倒の原因になる起立性低血圧。静脈血栓症、肺塞栓症、浮腫（むくみ）、肺炎、褥瘡（床ずれ）。
〈自律神経障害〉 便秘、尿・大便失禁、低体温症。
〈精神障害〉 抑うつ、無為無欲状態。食欲不振、拒食。睡眠障害、不眠。仮性認知症。
〈その他〉 尿路感染、尿路結石。

ビリテーション病院で体を整えることを考えないといけません。高齢者が病気やケガが原因で歩けなくなってしまうと閉じこもりになりがちです。また、ムリに歩いて転倒、骨折してしまうのを防ぐためにも、リハビリは必要なのです。**歩けなくなったのならば廃用症候群と診断することができ、転院は可能です。**ただ、東京都内のリハビリテーション病院はどこもいっぱいという現状があります。そのようなときは、静岡県や山梨県など地域を広げて病院探しをしてください」

　意識不明から回復し、体の状態が落ち着いた頃、家族はやっと一息できます。しかし、**一息つくやいなや病院から「治療が終わったから退院」と言われ、何がなんだかわからない状態**に陥ります。あのとき、私がもっと早くからリハビリについて考え、主治医に粘り強く掛け合っていたら、母のその後は変わっていたかもしれません。実際に、廃用症候群になっても、リハビリの結果、もとの日常生活に戻れた人は少なくないのです。

　プロ野球、読売巨人軍終身名誉監督の長嶋茂雄氏と、元サッカー日本代表監督のイビチャ・オシム氏も脳梗塞で倒れましたが、懸命なリハビリの結果、今は元気な姿が見られるようになりました。

　2人の主治医である初台リハビリテーション病院の石川誠理事長も、急性期からのリハビリの重要性を訴えています。

「容態が安定したら、まずベッドの頭側を起こすことからリハビリは始まります。そして、背もたれに寄りかかりながら座れる、ベッドの上ではなく椅子に座れるようにし、次に立っていられるようにと、段階的にリハビリを行います」

ただ、救急病院ではスタッフが不足していることから、リハビリ専門の病院に転院してからリハビリが行われるケースが多いようです。「安静に」と言われるまま動かないでいると、その後の回復に大きな差が生じてしまう。容態が安定したのならば段階的にリハビリを始めると、のちの介護を軽減させることにつながります。

ちなみに2人の監督は「もう1度グラウンドに立ちたい」。この強い思いがリハビリの原動力になったそうです。

ただ、たいていの親たちは、強いモチベーションを持っていないでしょう。どうやってリハビリをうながしたらいいのか。家族にとっては考えさせられるテーマでもあります。

倒れるまでの母の日常

思えば母は病気のオンパレードでした。

母の健康診断書の「現在の病名」欄には、虚血性《きょけつせい》心疾患（陳旧性《ちんきゅうせい》心筋梗塞）、出血性胃潰瘍、糖尿病、肺炎、心不全、腰部脊柱管狭窄症《ようぶせきちゅうかんきょうさくしょう》と、6つもの病名が書いてありました。

病歴は若い頃の卵巣のう腫で片方の卵巣を摘出したことから始まり、50代には胆石の摘出手術を受け、気管支拡張症のため入院治療、60代では子宮筋腫の摘出、その際、筋肉の縫合が悪かったために70代で脱腸になってしまい、その縫合やらなんやらで何度も入院を繰り返してきました。

70代で脱腸の手術を受けた後は、「痛みが取れない」と床に伏す日が続きました。すると、体力が落ち始め、肋骨《ろっこつ》の周りが痛くなり出し、整形外科へ通い始めました。そして、「肋間神経痛」と診断され、痛み止めの薬数種類と、痛みで夜眠れなくなったために睡眠薬を服用するようになりました。

体の痛みを和らげるために鎮痛剤を飲み、長時間横たわれば食欲もわきません。手術前はメタボ体型だったのが、いつの間にかやせ衰えて、背骨がS字に曲がり始めました。

体調不良を理由に、父に八つ当たりし始めたのもこの頃です。父は個人タクシーの運転手をしており、朝仕事から帰ってくるのですが、帰ってきたとたん、「銀行に行ってきて」「買い物してきて」と注文を出していました。父はどんなに疲れていてもイヤな顔ひとつせず、母の要望に答えていました。

父があっけなく逝ったことを悔やんで、「自分が体中が痛いからといって、お父さんに八つ当たりしてしまった」と、母はよくこぼしていました。

父が亡くなってからは、さらに食が細くなり、気持ちの浮き沈みが激しくなり、目に見えて衰えが目立ってきました。

今度は整形外科で、「腰部脊柱管狭窄症」と診断されました。肋間神経痛と腰部脊柱管狭窄症の治療のため、1週間に何度か近所の整形外科に通い始めました。薬の量は増える一方で、毎食後に飲む薬が10種類近くはありました。

毎日おつかいに出かけるのもやっとで、杖なしで歩くことはできなくなり、自宅から500メートルほど離れた整形外科に、「元気が出るから」と週に数回ニンニク注射を打ちに行き、その都度、腰痛の痛み止めの薬をもらう。病院の帰りにカップ麺や出来合いのおかずを買って帰り、家ではゴロゴロしているのが日課でした。

母と私は、いわゆる「仲良し親子」ではありませんでしたが、会話がなかったわけでもありません。母は聞き上手で、私は仕事から帰ってきたら、母にその日の出来事や、愚痴をよくこぼしていました。嫁いでいった姉も母に愚痴を聞いてもらいたくて、家に帰ってきていたほどです。「ただ話を聞いてもらいたい」というときがあります。母がいたおかげで、私も姉もずいぶんと助けられました。

一方、母は自分の意見をまったく言いませんでした。

私は仕事で家に帰るのが遅く、夕食はほとんど外で食べていました。やせていく母を見て、何を食べているんだろうとゴミ箱をのぞくと、カップ麵ばかり。

「カップ麵ばかりでは、体に悪いよ」と言っても、「うん」と言うだけ。自分以外の人間が台所をいじるのをイヤがったので、私が料理を作ろうとすると、「あんたは何もしなくていい」。私は料理が苦手なので、このセリフは仕方ないと自分に言い聞かせました。でも、食材を買ってこようとすると、「大丈夫だからいらない」。「薬、多すぎるんじゃないの？ 病院で相談したほうがいいよ」と言うと、「わかった」。

でも、一向に薬の量は減らないし、おじやとカップ麵ばかりを食べていました。母の生活は何ひとつ変わらず、どんどんやせていくばかり。私は八方ふさがりでした。どうしたらいいのかわかりませんでした。

母は几帳面な性格でしたが、父の死後、台所には洗い物がたまり、1日中寝ている日もありました。

母の無気力は、父が亡くなったことが原因だと思っていました。**長年付き添ったつれあいが突然いなくなると、抜け殻になったようになる**のは奥さんを亡くした男性のほうが多いと聞きますが、我が家の場合は、母がまさにそうではないかと。

「しっかりしなさいよ！」と、何度母に言ったかわかりません。以前の母に戻ってもらいたくて、叱咤激励を繰り返していました。

でも、今にして思うと、貧血の症状がでていたのかもしれません。もちろん気落ちもしていたでしょうが、貧血がひどくなって起き上がるのがしんどかったのかもしれない……。

ある日、生死の境をさまよい、生還した母に聞いてみました。

「三途の川は見えたの？」

母は自分の両親やきょうだいが勢ぞろいしたシーンに遭遇したそうですが、そこには肝心の父はいなかったようです。そして、何よりもまだこの世に未練があったそうで、

「あんたをひとり置いてあの世に行けない」

と、つぶやいていました。

◆元気な高齢者になる秘訣

元気な高齢者には2つの共通項があるのではないでしょうか。それは「友だちが多い」と「よく歩く」ことでしょう。

神戸市内に住む85歳の女性は、ご主人に先立たれてひとりで駅前のシニア向けマンションに住んでいました。ひとり娘はすでに嫁ぎ、一軒家で暮らしていたときは駅からも遠く、夜も物騒なので活動的になれなかったけれど、「駅から近いマンションに引っ越してからとても快適なのよ」と、カン高い声でおっしゃっていました。

関西は京都や奈良、神戸といった観光地に気軽に出かけられます。その女性はお友だちとしょっちゅう旅行に出かけているそうです。

膝は悪いというものの杖なしで背筋を伸ばして歩き、どう見ても60代ぐらいにしか見えませんでした。お世辞ではなく、「お若いですね」と声をかけると、目を輝かせて高笑いしていました。

80代半ばのある女性作家と会ったときも、杖なしで歩く姿を見て、「とてもお元気ですね」と思わず感心すると、

「あら、私は5年ほど前に、大腸がんを患ったのよ」

と、あっけらかんと答えられて、とても驚いたことがあります。

がんを患ったのであれば精神的にも気落ちしたのではないのかとたずねると、

「やりたい仕事、書きたいテーマがいつもあるので、〝絶対に生きる〟という強い意志があったのよ。だから、病気も克服できたのかしら」

と、ケラケラ笑いながら語っていた言葉が印象的でした。

ちょうど母が倒れたとき、母より5歳ほど年下の叔母も、転倒したことがきっかけで、股関節の手術を受けました。

手術後、入院中に受けた要介護認定で「要介護4」と認定されましたが、1度も介護サービスを受けることもなく、必死にリハビリをしたそうです。退院後は杖なしでは歩けませんでしたが、一時は旅行に出かけるほどに回復しました。叔母は手芸が趣味で、仲間と海外旅行に出かけるほど活動的でした。外に気持ちが向かっていたので、回復も早かったのでしょう。

第二章　何もかもわからない介護保険

世の中は「バリア」だらけ

最初の病院を退院することになったとき、母は自宅でこれまでどおりの生活を送れるとは思えませんでした。

自宅で母の介護を行うには、居間やトイレ、風呂場に手すりをつけるといった「バリアフリー」に改修する必要がありました。でも、それなりにお金がかかります。

介護保険制度には、「住宅改修費の支給」という補助金制度があります。この制度を使えば、自宅で親の面倒を看ることも可能だという話を聞いて調べてみました。

「住宅改修費の支給」とは、要支援・要介護の認定を受けた人（家族）が自宅をリフォームする場合、住宅改修費が支給されるというものです。**支給額は20万円が限度で、このうち1～3割が自己負担**ですが、リフォームにかかった費用が20万円であれば、1割負担の人は2万円の自己負担ですむのです。

改修工事の種類には表3のようなものがあります。しかし、私の家は賃貸マンションなので、家主の許可を得たとしても工事ができるのは、(1)だけでした。

〈表3〉支給対象となる住宅改修とは

住宅改修費は事前申請制度です。事前申請なく改修を行ったり、改修内容が支給対象でなかったりすると、住宅改修費が支給されませんので、改修前に担当のケアマネジャー（要支援の人は地域包括支援センター）に相談しましょう。

また、住宅改修のトラブルが急増しています。たとえば、「役所の紹介で……」とウソを言って近づく、依頼者の希望を聞かずに一方的に話を進める、不要な改修をしつこく勧める……。このようなときは即断せずに、ケアマネジャー、地域包括支援センターに連絡しましょう。

（1）手すりの取り付け 廊下やトイレ、浴室、玄関、玄関から道路までの通路などに、転倒防止や移動補助のために手すりを設置する。
（2）段差解消 居室、廊下、トイレ、浴室、玄関などの各室間の段差、または玄関から道路までの通路などの段差を解消するためにスロープを設置したり、敷居を低くする。
（3）すべり防止のための床材の変更 居室での畳敷きから板製床材やビニル系床材などへの変更、浴室でのすべりにくい床材への変更など。
（4）引き戸などへの変更 開き戸を引き戸や折れ戸、アコーディオンカーテンなどに取り替える。ドアノブ変更や戸車の設置も含む。
（5）洋式便器などへの取り替え 和式便器を洋式便器に取り替える改修。

母は、まず寝起きからトラブルが起こりました。自宅ではベッドではなく布団を使っていたので、起き上がりが不自由になったのです。母は体を少しずつうつ伏せにして、体を回転させて上半身を起こします。そして、1度座ってから壁やタンスにつかまらなければ、起き上がることができませんでした。トイレに行くときも壁をつたって歩きます。洋式便所なのでしゃがむ必要はありませんが、座るときには手すりが必要です。お風呂の浴槽をまたぐなんていうのも、ムリでした。

そこで、我が家では**福祉用具をレンタルすることで、バリアフリーに対応する**ことにしました。介護保険を利用して、布団の脇に起き上がるときにつかまれるスチールタイプの手すりを設置したら、母は起き上がるのが少しラクになったようです。手すりのレンタル料は1カ月3000円だったので、1割負担の300円ですみました。

自宅のバリアは福祉用具のレンタルでなんとか凌ぎましたが、どうにもならなかったのが外出時です。

退院してしばらくは外出する際に、車椅子を使用しました。私の家の場合、玄関を出たところで段差があるので、たたんでいた車椅子を玄関先で広げていったん家まで戻り、母を支えながらそこまで連れて行きました。また、歩道にも微妙な段差があって、1度止まり、車輪の間にあるペダルを踏み、段差を登らなければ前に進めないのです。スタコラ歩けると気にならないものですが、**日本の道路は意外とバリアだらけ**だったのです。

自宅介護に待ち受けていたのは、〝バリア〟との闘いでした。

はじめの一歩はケアマネジャー探し

介護サービスを受けるには、**要介護認定が出てから、要介護者は居宅介護支援事業者でケアプランを、要支援者は地域包括支援センターで介護予防ケアプランを作成してもらわなければなりません。**

介護の場における主治医的存在が、「ケアマネジャー」です。

自治体のパンフレットには「ケアプランはご自分で作ることもできます」と書かれていましたが、何をどうしたらいいのかわからないので、介護保険の制度も含めてなんでも相談できる「ケアマネジャー」に任せることにしました。

ところが「ケアマネジャー」をどうやって探したらいいのかわからない……。

入院中に要介護認定をするために母の病室まできた自治体の職員が「〝居宅介護支援〟の欄に登録されている業者に連絡を取ってみてください」と言って介護サービス事業者の一覧が掲載されている電話帳をくれたので、すぐに自宅に近い居宅介護支援事業者に電話をかけました。すると、「**ケアプランはケアマネジャーが自宅にきて、事情を聞き、要望に応じて作成する**」と教えてくれました。

そして数日後、若い女性が自宅にやってきました。

1カ月にどんなサービスが利用できるか、ここで初めて知ったのです（表4）。

自宅で介護する際に一番問題になったのは、訪問介護の時間でした。ヘルパーが自宅にきたとき、家族（私）が家にいるか、いないかといった問題です。

たとえば、ヘルパーが自宅にきて呼び鈴を押しても、母はインターホンごしに応答することも、玄関先まで歩くことも困難だったので、あらかじめ自宅のカギをヘルパーに預ける必要があったのです。きょうだいであればカギを渡すことに抵抗はありませんが、見ず知らずの人にカギを渡すことは、私にはできませんでした。

しかも、仕事を抱えているとヘルパーがくる時間に帰宅をするのは難しい。自分が家に戻ってからヘルパーを呼ぶのでは意味がない……。

ここで、訪問介護を利用する選択肢はなくなりました。

カギを渡すことができるかどうかは、訪問介護を受ける際のひとつの壁です。もし、オムツ交換が必要な要介護者がいた場合、働いている人にとって夜中のオムツ交換はつらすぎます。でも、カギを渡すことができれば、夜中にヘルパーがやってきてオムツ交換をしてくれ

〈表4〉在宅介護のとき、利用できる主なサービス

自宅で介護しているとき利用できるサービスには、サービス提供者が訪問して行うサービスと、施設を利用するサービス、利用限度額に含まれないその他のサービスがあります。訪問介護のなかには、「通院のときに介護タクシーの利用」というのがあり、とても便利でした。何を利用するかは、ケアマネジャーと相談してください。

自宅を訪問するサービス

(1) 訪問介護	ホームヘルパーが訪問し、入浴、排泄、食事などの介護や日常生活の世話をする。通院などのために車の乗り降りの介助、いわゆる「介護保険タクシー」もケアプランに組み込めば利用できる。
(2) 夜間対応型訪問介護	夜間に居宅を訪問し、入浴、排泄、食事などの日常生活上の世話や、夜間の緊急時に利用者からの通報に応じて居宅へ訪問する。
(3) 訪問入浴介助	自宅での入浴が困難な場合、浴槽などを運び、入浴の世話をする。全身浴、体を拭く、部分浴がある。
(4) 訪問看護	看護師などが訪問して、療養上の世話や必要な診療の補助をする。
(5) 訪問リハビリテーション	理学療法士や作業療法士、言語聴覚士が訪問して、機能回復訓練をする。
(6) 居宅療養管理指導	医師、歯科医師、薬剤師、管理栄養士などが自宅を訪問して、療養の管理や指導をする。

施設を利用するサービス

(7) デイサービス	通所介護施設で食事、入浴などの日常生活上の支援や生活行為向上のための支援を日帰りで行うサービス。認知症に限定した「認知症対応通所介護」もある。
(8) デイケア	介護老人保健施設などで医学的ケアと機能回復訓練が受けられるサービス。医師と介護の連携が常に必要な「療養通所介護」もある。
(9) 短期入所生活介護（ショートステイ）	特別養護老人ホームなどの福祉施設に短期間入所し、日常生活の介護や機能訓練が受けられる。
(10) 短期入所療養介護（ショートステイケア）	老人保健施設、療養型病床群などに短期間入所し、医学的管理のもとに日常生活の介護や看護、機能訓練が受けられる。

その他のサービス

(11) 福祉用具の貸与	特殊ベッド、車椅子、リフト、歩行支援具、徘徊感知機器など自立を支援するための用具がレンタルできる。
(12) 福祉用具の購入費の支給	ポータブルトイレ、特殊尿器、シャワーチェアーなど、入浴、排泄に使用する特定の用具を購入すると、限度額内で保険給付分（費用の 9 割）があとから支給される。
(13) 住宅改修費の支給	手すりの取り付けや段差解消など、小規模で定められた種類の住宅改修に対して、限度額の範囲内で改修費が支給される。

るサービスを受けられ、自分は休んだままでいられるのです。

「カギを他人に預ける」ことは、介護が必要になるまで経験したことがありません。でも、自分がラクになるのには、そのようなためらいを乗り越えなくてはならないのかもしれません。

訪問介護はあきらめ、通所介護（デイサービス）を1週間に2回程度利用するケアプランを、ケアマネジャーに作成してもらいました。

デイサービスはお年寄りのサロン

デイサービスは、自宅から施設に通い、入浴・食事・機能訓練（予防介護）・レクリエーションなどのサービスが受けられます。利用するには、やはりケアマネジャーによるケアプラン作成が必要です。

デイサービスの時間帯は施設ごとに異なりますが、母は、朝8時45分に迎えにきてくれたデイサービスの職員と出かけて行きました。9時から16時まで施設でさまざまなサービスを受けながら過ごし、家に戻ってくるのは17時頃でした。昼食は施設が用意してくれました。

母は最初の救急病院を退院後、デイサービスに通うことになったのですが……。

デイサービスに集まるお年寄りたちは、ほとんどが80歳以上で、母は最年少。「まだ若いのにどこが悪いの？」と同じことを何度も聞かれ、答えるのが面倒だと、帰ってきて愚痴をこぼしました。また、「リハビリ」と称して輪になって行われるレクリエーションが苦手だったらしく、「放っておいてほしい」とイヤそうにしていました。そして、

「行きたくない」

まるで、登校拒否を起こした児童のようになってしまったのです。

これまで母は愚痴や文句を私に言ったことがありませんでした。それだけに、文句を言う母の姿にとまどい、

「何言っているのよ。家にひとりでいるよりいいでしょ」

と相手にしませんでした。すると、

「あんたは行ったことがないから、どんなにつらいかわからないんだ」

と母は叫び、その言葉に私は腹がたって「勝手にしろ」という気持ちになってしまいました。私はまだ母を家でひとりにしたくなかったのです。仕事に出かけているときに何かあったら……と心配でした。本当は毎日でもデイサービスを利用したかったのです。でも、それは叶わない。だから、たった週に2日でも安心できる日がほしかったのです。

でも、突然、環境が変わったことで、母自身も心の整理がつかないまま、ケアプランを作

ったのが間違いだったのかもしれません。介護を受け入れられなかったようでした。生死の境をさまよって生還したばかりの**母の精神状態はまだ不安定だったというのに、デイサービスで楽しく過ごせというのもムリな要求だった**のでしょう。すでに利用しているお年寄りたちは仲良しグループを作っていて、居心地もあまりよくなかったようです。

もともと母は社交的ではなかったので、いきなり集団生活の中で仲間を作らなければならないことがストレスになり、胃潰瘍へつながってしまいました。

「ケアプラン」は、娘や息子、介護者の時間的都合や金銭的都合が優先されてしまいがちです。でも、**本人の意思も反映されないと、ケアプランは失敗に終わる**のです。

◆魅力のあるデイサービス

近頃はデイサービスも多様化しています。

２００９年春頃に取材をするために出かけた、神奈川県横浜市のデイサービス「かいかや」（横浜市中区）は、理想的な施設です。

第二の人生を豊かに〝開花〟させるという意味があり、玄関には赤いのれんがかかり、旅館、和風居酒屋といった佇まいです。

昭和の大スター石原裕次郎の若かりし頃のポスターが飾られ、〝昭和レトロ〟を感じさせる内装でした。木目調のテーブルと椅子、漆器の食器で食事をいただくと、レストランにきたような感覚にもなります。

施設ではレクリエーションというよりも、「リハビリにつながるお楽しみ」を催しており、夏場にはビンゴやカラオケ大会、うちわ作りなどが行われたそうです。もちろん、参加しないで、横でお茶を飲みながら見ているだけでもいいそうです。

リハビリを兼ねてひとりでできるゲームセンターにあるようなゲーム機もあります。

窓際には、丸テーブルと椅子が並べられ、お茶を飲みながらまったり時間を過ごせるスペースもありました。その空間だけ高級感のある喫茶店、といった趣です。

お茶を飲みに行くような気軽な感覚であれば、高齢者も抵抗が少なく、むしろ行くことが楽しみになるのではないでしょうか。

人気が高い施設、費用が高い施設

仕事を辞めてしまったら生活が成り立たなくなるので、会社を辞めるわけにはいかない。だけど、私がいないときに倒れたら……。

母が2度目の入院をしたとき、私は母には施設に入ってもらおうと考えるようになりました。母も2度倒れて、これ以上私には迷惑はかけられないとよく言っていたので、言葉で確認まではしませんでしたが、施設に入ることには同意していたようでした。

高齢者が入所できる施設はどのようなものがあるのか、私はまずはそこから調べ始めました（表5）。

高齢者の介護保険施設には、公的な運営と民営のところがあり、どちらも特定施設として介護サービスを提供しています。公的な施設には、介護保険施設と地域密着型サービスの施設の2つがあります。

介護保険施設には「介護老人保健施設」「介護老人福祉施設」「介護療養型医療施設」「介護医療院」の4種類があります。

「介護老人保健施設」はリハビリを中心とした医療サービスを提供し、在宅の復帰を目的としています。たとえば3カ月ごとに施設サービス計画（ケアプラン）を作成し、もとの生活に戻るために必要なリハビリを行います。このため介護保険法上での期限はありませんが、一生涯にわたって入所して生活をするところではなく、あくまで「在宅復帰」が目的の中間施設として位置づけられています。

一方、**終身にわたっての援助を行うのが「特別養護老人ホーム」**です。

〈表5〉高齢者が安心して暮らせる施設

高齢者の施設といっても、その種類はさまざまです。そこで、主な介護施設の役割の違い、料金、注意すべきポイントをまとめてみました。しかし、同じタイプの施設でも、提供されるサービス、部屋の仕様、設備の質などに、かなり幅があります。さらに、将来の身体状態までを予測しなければならないので、入所先を決めるのは、そう簡単なことではありません。また、決めたところに入所できるわけでもありませんが、時間がかかっても、いくつか施設を見て回ることをお勧めします。

1. 介護保険施設

介護保険サービスで利用できる公的な施設。

(1) 特別養護老人ホーム(特養)

常時介護が必要で、生活全般のサービスを提供。入所期間に制限はなく、高度な医療が必要にならない限り、最期まで住み続けられる。4人が1部屋で過ごす多病床がほとんどで、費用が安い。月額5〜16万円。

(2) 特別養護老人ホーム(新型特養、個室ユニット型)

提供するサービスは①と同じだが、入所者は多病床ではなく、個室に入る。月額12〜22万円。

(3) 介護老人保健施設(老健)

リハビリを行いながら在宅への暮らしを目指す。介護老人保健施設、看護、リハビリのサービスが受けられる。月額6〜16万円。

(4) 介護療養型医療施設(介護医療院)

病状が安定しても長期療養が必要な高齢者が対象。治療と介護を含めたサービスが受けられる。月額7〜17万円。

(5) グループホーム

身の回りのことができる認知症の人が少人数で暮らせる施設。施設によっては入居時に30〜50万円かかることもある。月額12〜25万円。

2. 自治体などが運営する施設

ケアハウスと呼ばれる施設だが、サービスに違いがある。

（1） A 型軽費老人ホーム（ケアハウス）

身の回りのことはできるが、自宅での暮らしに不安がある人が利用。自立している人しか入れないこともある。食事サービスの提供があるのがB型との違い。A型、B型は新たに建てられないので、減少傾向にある。月額6～17万円。

（2） B 型軽費老人ホーム（ケアハウス）

A型とは違いは食事が用意されていないこと。A型、B型は新たに建てられないので、減少傾向にある。月額6～17万円。

（3） C 型軽費老人ホーム（ケアハウス）

食事と生活支援サービスがついている。今後はC型に一本化される。月額6～17万円

3. 民間が運営する施設

入所の条件、サービスなど物件によって大きく異なる。

（1） 有料老人ホーム

介護付き、住宅型、健康型の3つに大きく分けられる。介護付きは、必要な支援を施設の介護スタッフによって受けられる。住宅型は、介護が必要になれば外部の介護サービス業社との契約により介護が受けられる。健康型は、介護が必要になったら退去しなければならない。月額は15～50万円。

（2） 高齢者向け住宅

サービス付き高齢者住宅、シニア向け分譲マンションの2つに大きく分けられる。バリアフリーの賃貸住宅で、敷金2ヶ月程度で入居できるところもある。レストランで食事ができる、大浴場がついているのが特徴。立地場所、部屋の大きさによって月額費用は大きく異なる。

「**介護療養型医療施設**」は、**病状が安定し、継続的に医療サービスを受けながら長期療養が必要な方が入所する医療施設**ですが、２０２４年には廃止される予定になっています。その代わりに、長期療養のための医療と生活の場を提供する「介護医療院」が２０１８年に新設されました。

また、介護保険施設は通常、都道府県が認可しているものですが、各市区町村が認可しているのが地域密着型サービスの施設です。そのなかには、**「認知症対応型共同生活介護（グループホーム）」「小規模（定員29人以下）の特別養護老人ホーム」「小規模（定員29人以下）の特定施設入所者生活介護（ケアハウス）」がありますが、原則としてその地域に住んでいる高齢者しか入所はできません。**

民間会社が運営している施設は、「有料老人ホーム」といいます。「有料老人ホーム」は自立した人のための住処、介護が必要な人のための住処、自立した人も介護が必要な人も住める混合型などがあります。施設の設備やサービスもそれぞれで、自分で立地や生活様式、必要なサービスは選択できるので、マンションを買う感覚に近く、権利が購入できれば空き待ちをすることもありません。ただし、費用は高額です。大都市圏では入居一時金が１０００万円単位でかかる物件もあり、入居後も月額20万円程度かかるのが相場です。

これらの施設の中で、**入所待ちが起こるほど人気が高いのは特別養護老人ホーム**です。有料老人ホームに比べて費用が比較的安く抑えられるからというのがその理由です。

施設へ入所ができない理由

最初の救急病院を退院する前に、「地域包括支援センター」で要介護認定の申請をしたとき、施設への入所について話を聞こうとしたところ、職員の女性に嘲笑したように、「要介護5の人でも、今は2~3年ぐらい待つのが相場ですよ」と言われたのが頭に残っていたので、母が2度目の入院をしたとたん、「要介護2」を受け入れてくれる施設を探し始めました。

まずチャレンジしたのは、金銭的な負担が少ない「特別養護老人ホーム（特養）」でした。特養へは居住する自治体の特養へ「入所申込書兼調査書」を提出します。提出できる特養は1カ所ですが、ほかの施設に空きが出たときには入所できる場合もあるそうで、希望の施設がある場合は施設の名前が書かれている欄に「○」がつけられました。

調査書には（a）から（g）の7項目があり、それぞれの得点が加算されるシステムでした（表6）。たとえば要介護5で、すべての項目に当てはまると、最大で18点になります。

判定結果は、自治体の「入所調整委員会」に送られ、ここで施設ごとに「優先度の高い名

〈表 6〉特養の調査書

自分の親の要介護度を2と想定したとき、特養への入所の優先順位が高くなる13点以上になりますか？　私の母は9点でした。

(a) **要介護度**……1～5まで、要介護1なら1点、要介護5なら5点が加算される。
(b) **申請時に居住している自治体に10年以上だったら1点加算される。(10年未満は得点されない)**
(c) **在宅サービスの利用状況**……利用しているサービスが4種類以上ある場合は1点加算される。(利用していない場合は得点されない)
(d) **同居者の有無**……同居者がいない場合は6点加算。
(e) **同居者が1人いる場合はその人の状況について、2人以上いる場合は在宅時間が最も長い人(中学生以下を除く)についてあてはまる事項をすべて選択できる。** ・同居者が病気や障害を持っているため介護ができない場合…2点。 ・同居者が75歳以上の場合…1点。 ・同居者は1人で2人以上の障害等がある人を介護している、または中学校入学前の子供を育児中の場合…1点。 ・同居者が週20時間以上就労している場合…1点。 ・ほかに介護できる同居者がいない場合…2点。
(f) **住まいの状況については以下の5択から高得点を1つ選ぶ。** ・現在の住居は賃貸契約の更新ができない、または老朽化が著しく引き続き居住することができない…2点。 ・入所している病院・施設から退院・退所を求められているが戻る家がない(家の賃貸契約の更新ができない、戻る家があるがその家は住める状況ではない)…2点。 ・部屋、家が2階以上にあるが、エレベーター等の昇降手段がない…1点。 ・介護上の問題から改修工事が必要だが、家主の承諾を得られない、または敷地が狭いため改修できない…1点。 ・介護上の問題から住宅改修が必要だが、経済的理由で改修できない…1点。
(g) **病院・老人保健施設等に引き続き1年以上入居している**…1点

簿」と「一般の名簿」に振り分けられます。18点中13点以上が「優先度の高い名簿」に入る目安となり、優先度の高い人から申し込み順に順番を待つというシステムです。

私の住んでいる自治体では、**ひとつの特養で「優先度の高い名簿」に100人はいる**と言われました。厚生労働省の『特別養護老人ホームの入所申込者の状況』（２００９年）によると、特養への入所を希望しながら入れない待機者は、全国で約42万１０００人もいました。それから10年後、２０１９年の待機者は約29万２０００人。２０１５年に入居の要件が原則要介護３以上になったため、減少したのかもしれません。

入所の順番が回ってくるには、不謹慎な言い方ですが、入所されている方がお亡くなりにならなければなりません。「要介護５の人でも2〜3年はかかる」。その意味がようやくわかりました。

次にチャレンジしたのは、「介護老人保健施設（老健）」への申し込みでした。**老健は家族が直接希望する施設に申し込むシステム**で、申し込み用紙や必要書類、審査の過程はその施設によって異なりました。

１件目は自宅近くの老健です。自宅から近いので通うのにも便利だと思い期待しましたが、あいにく４人の相部屋は満床で当分空きはないと言われました。２人部屋、１人部屋の個室タイプであれば比較的早く順番が回ってくるそうですが、差額ベッド代が２人部屋では１日

3000円、1人部屋では5000円もかかりました。2人部屋でも1カ月9万円が食費や施設費以外にかかるのです。すべての費用をざっと計算したら、30万円は軽く超してしまうことがわかりました。

この時点で、自宅から一番近い老健はあきらめることにしました。都内の老健は特養の待機者が一時的に入所するケースが多いそうで、やはり要介護度の高い人、優先度の高い人でなければ入るのは難しいと思い知らされました。

次に出かけたのは、バスに乗って30分ぐらいのところにある老健でした。

「申し込みは書類を持参した上で面談を受けてください」というので、面談を申し込みました。

面談室で男性のケアマネジャーは挨拶もそこそこに申請書を眺め、こちら側の要望も聞かずに「入所は難しい」というようなことを言い始めました。

老健は、通院が必要な人は入所ができないという決まりがあったのです。病院の処方箋ではなく、老健に常駐している医師の診断を受け、そこで「薬」をもらわなくてはならないからです。

母は心臓の薬を大量に処方されていて、定期的に心電図などの経過をみる必要がありました。そのため、4件の老健に申し込みましたが、容態が安定していないことを理由に、すべて断られてしまいました。

「今日もダメだった」と、試験に落ちた受験生のように、ぐったりとうなだれて母に報告する日々が続きました。そのたびに母は、「自分のために苦労をかけて申し訳ないね」と何度も頭を下げていました。

お金で老後の暮らしは変わる

私は母の入所を希望する一方で、その費用の高さに絶望していました。

特養に入所したらいくらかかるのか、ご存じですか？

まず、特養や老健の費用は年間所得に応じて違うのです。

２００８年当時は母のように住民税を納めていない場合は、同じ世帯に住民税を納めている人がいるかどうか、そして納めている人の所得金額によって次のように段階が異なっていました。

第１段階……生活保護を受給、住民税非課税世帯で老齢福祉年金受給者

第２段階……住民税非課税世帯で、かつ合計所得金額＋課税年金収入額が80万円以下

第3段階……住民税非課税世帯で、かつ合計所得金額＋課税年金収入額が80万円超
第4段階……その他右記以外

私と母のように高齢のひとり親と同居している子は、このご時世、とても多いのではないでしょうか。ほとんどの家庭では、世帯がひとつであればサイフもひとつ。つまり、ひとり親は子の扶養家族とみなされ、**親に所得がなくても子の所得と合算されて判断されます。**

我が家の場合、母ひとりでは住民税非課税世帯で、かつ合計所得金額＋課税年金収入額が80万円以下の「第2段階」ですが、私の所得と合算されるので「第4段階」になってしまうのです。

「第2段階」と「第4段階」では、どのくらい金額が異なってくるのでしょうか。

たとえば「私の住む自治体で第2段階」の人が特養の多床室（大部屋）に入った場合、1日あたりの居住費は370円、食費は390円かかります（表7）。このほかに介護サービスに対する自己負担額があります。

介護保険制度では施設を利用する際に、要介護度ごとに全国共通、1日の「単位」が決められています。「単位」に単価を乗じると利用金額がでます（所得段階で料金が変わるわけではありません）。1単位あたりの単価は10～20円（地域ごとに異なる）で、利用金額の1

〈表７〉従来の特養と新型特養では料金が違う

特養に入所した場合、居住費と食費は厚生労働省の基準費用額に準じています。

ただし、特養には従来の特養と新型特養の２種類があります。従来の特養は４人１部屋などの相部屋が中心の大型施設ですが、新型特養は個室10室までしかない小規模施設なので、プライバシーが守られ、家庭的な雰囲気で生活できるのが魅力です。

しかし、人気なのは従来の特養。それは料金が安いからです。国は、特養を新設するときには新型特養しか認めていないため、その人気はますます高くなることでしょう。

特養の場合

所得段階	居住費（個室）	居住費（大部屋）	食費
第１段階	３２０円	０円	３００円
第２段階	４２０円	３７０円	３９０円
第３段階	８２０円	３７０円	６５０円
第４段階	1,１５０円	８４０円	1,３８０円

新型特養の場合

所得段階	居住費（個室）	居住費（準個室）	食費
第１段階	８２０円	４９０円	３００円
第２段階	８２０円	４９０円	３９０円
第３段階	1,３１０円	1,３１０円	６５０円
第４段階	1,９７０円	1,６４０円	1,３８０円

※第１段階から３段階までは全国一律、第４段階は施設によって異なる。
ほかに光熱費などの諸経費がかかる場合がある。

～3割が利用者の負担となります。自己負担1割で計算すると、「要介護2」の場合、私の住む自治体では1日722単位利用することができ、自己負担額は771円です。「要介護2」で年間所得が「第2段階」の人が、従来型特養の多床室に入る場合、1日あたりの居住費、食費、介護サービスの自己負担額の合計は1444円。30日施設で過ごすと、4万3320円かかります。

それが「第4段階」だと、介護サービスの自己負担額は変わりませんが、居住費は840円、食費は1380円となるため、1日にかかる費用の合計は2904円となり、30日で8万7120円になるのです。

ところが前にも述べたとおり、特養の多床室は空きがありません。

厚生労働省が示す基準費用額によると、特養の個室を希望した場合、住居費が「第4段階」の人は居住費が最低1150円になるので、「要介護2」では9万6420円、「要介護5」(1日997単位介護サービスを利用した場合)だと10万3110円を1カ月に支払わなくてはなりません。

2002年から新規に特養を設立する際には、共有スペースの周りに多床室ではなく個室を10室以内設置するように義務づけられました。このような施設は「新型特養」と呼ばれています。**新型特養の個室は、「新型個室(ユニットタイプ)」といい、居住費が異なります。**

新型個室を希望した場合、「第4段階」では1カ月12万〜15万円はかかる計算でした。

個室であれば比較的早めに順番はまわってくると施設の人に言われましたが、それだけ費用がかかるということです。

一方の**老健は、施設によって居住費と食費の設定は異なります。**

私が申し込んだ老健では1日あたりの居住費は多床室で320円、個室では1640円。さらに、1人部屋は1日あたり3000〜5000円、2人部屋では1500〜2000円の差額ベッド代が生じます。食費は1500〜2000円が相場でした。それに、リハビリマネジメント加算、栄養マネジメント加算、栄養管理体制加算、入所日から30日は初期加算と、〝さまざまな加算〟がつきます。これらの加算は1日100〜200円ですが、1カ月3000円以上にもなるのであなどれません。

ある老健で、要介護2の母の1日あたりかかる金額を試算してくれました。

多床室では1日3063円、1カ月では9万1890円。個室では1日9550円で、1カ月では28万6500円かかるとのことでした。

有料老人ホームに入る資金がない家庭は、費用の安い特養や老健に申し込みをするしかないのですが、**現実問題として多床室は空きがなく、個室はそれなりに高額**なのです。

結局、生きるも死ぬも「お金」がすべて。お金次第で老後の暮らしは違ってくるという現実を突きつけられました。

有料老人ホームやシニア向け分譲マンションに入居する人たちは、すべてが高額所得者というわけではないでしょう。持ち家を処分したり、退職金を入居一時金に充てて、月額は夫婦2人の年金を足して暮らしている人も少なくありません。しかし、我が家の場合は「入居一時金」に充てられる資金がないので、なんとか安く上がる施設に入りたかったのです。

結局、施設の入所は特養、老健ともにあきらめ、要介護度がまだ軽い人が介護サービスも受けられる地域密着型サービスのケアハウス（特定施設入所者生活介護）に申し込むことにしました。

しかし、ここでも「順番待ち」。いつくるかわからない順番を待つしか手立てはありませんでした。

「世帯分離」という魔法の制度

介護を取材している同僚から、**同じ家に住んでいながら親も子も世帯主になる「世帯分離」という方法があるということを聞きました。**

今の家では私が世帯主ですが、母も世帯主にできるというのです。そうすれば「第4段階」から「第2段階」に変更できて負担も減らせる。そんな魔法の制度があったのです。手続きは簡単でした。市区町村の役所に行って「世帯分離がしたい」と窓口で言えば、担当者が「住民異動届」、または「異動届出書」に何を書くかを教えてくれます。

親子間の手続きであれば、「なぜ、世帯分離をしたいのですか」などと聞かれることはまずありません。窓口の担当者に質問されたことだけ答える。それ以上はしゃべらない、というのが鉄則です。

書面の様式は市区町村によってさまざまですが、窓口の担当者のアドバイスにまかせて、そのまま手続きを進めれば問題ありません。私の場合、担当者の指示通りに「新世帯主」に母の名前を、「旧世帯主」には私の名前を書きました。本人確認をするために運転免許証を提示、数分待つ間に手続きは完了しました。住民票が必要であれば、そこで入手できます。

「世帯分離」をすませた後、「国保年金課」で母の「国民健康保険証」を発行してもらい、「介護保険課」に出向き、「介護保険負担限度額認定証」の発行をしてもらいました。市区町村によっては手続きの部署や方法が違うので、面倒だと思わないで逐一、確認することが大切です。

その結果、念願の「第2段階」になったのです。

さっそく計算してみました。特養の多床室利用の場合は約3万円、老健の多床室を利用した場合は約4万円減額できるのです。それだけではありません。介護サービス費は1〜3割が自己負担ですが、当時は1万5000円超えると、「高額介護サービス費」として母の口座に自治体から返金されてきたのです。

「世帯分離」は国民健康保険（75歳以降は後期高齢者医療制度）の入院費、通院費にも適用されます。これまで1カ月入院すれば最低でも4万4400円（外来1万2000円）かかっていたのが、1万5000円（外来8000円）ですむのです。

母の介護保険料年額も同様でした。平成19年度の介護保険料額は、私の住む自治体では母ひとりであれば2万2995円のところ、私の所得も合算されていたので、ほぼ倍の4万3800円を納めていたのです。

年間介護保険料と合わせると、月5万円ほどの節約につながりました。

「お金の負担の減額」は精神的にも安心感を与えてくれます。

老健では入所を断られ、特養も何年待てばいいのかわからないという状況でしたが、安堵の気持ちでいっぱいになりました。

〈表８〉医療・介護費の限度額は？

70歳以上がいる世帯で、１年間に「医療保険」と「介護保険」の両方に自己負担があり、その負担額の合計が下表の自己負担限度額を超えた場合、申請すると払い戻しが受けられます。対象期間は、毎年８月１日～翌年７月31日。ただし、保険が適用されない実費負担など対象外もありますので、よく確認してください。

高額介護合算療養費の自己負担限度額（年額）

区分	後期高齢者医療制度 ＋介護保険
現役並み所得Ⅲ （標準報酬83万円以上）	212万円
現役並み所得Ⅱ （標準報酬月額53万円以上79万以下）	141万円
現役並み所得Ⅰ （標準報酬月額28万円以上50万以下）	67万円
一般 （標準報酬月額26万円以下）	56万円
低所得者Ⅱ（※①）	31万円
低所得者Ⅰ（※②）	19万円

※①低所得者Ⅱ…………被保険者が住民税非課税の人。
②低所得者Ⅰ…………低所得者Ⅱにあたる人のうち、すべての世帯主の所得が一定基準に満たない人（給与所得や雑所得などの所得の合計から経費、控除を差し引いた金額が０円であること）。

自分の時間を作る

最初の救急病院を退院した後、デイサービスの利用に失敗して家に閉じこもるようになったのですが、母は私に何ひとつ要望しませんでした。困ったことはたくさんあったはずなのです。でも、いくら聞いても「大丈夫」としか言いませんでした。一方、食事を用意しても食べない。ゼリー状の栄養補助飲料しかとらないのです。食事をしなければ、体力が戻らない。どうしたら母は食べてくれるのかがわからない。それに、ひとりのときに何かあったら困る……。２度目の救急病院を退院するときに、施設の入所はムリだったので、ショートステイを繰り返し利用するプランを作成してもらいました。

ショートステイとは、要介護者が数日から1週間程度、特養や老健に滞在しながら、日常生活上のケアや機能訓練などのサービスを受けられるシステムです。ひと月に２週間、特養のショートステイを利用して、残りの日数は自宅で過ごしながら入所の順番がくるのを待つことにしたのです。

ショートステイには、特養が併設する施設に入所する「短期入所生活介護」と、老健や介護療養型医療施設が併設する施設に入所する「短期入所療養介護」の２種類あります。同じ

〈表９〉ショートステイは１カ月に何日利用できる？

ショートステイのメリットは、定期的に短期入所することで、要介護者の心身機能の維持向上を図れる、家族の介護の負担を軽減できる、葬祭のときの緊急時にも活用できることです。

１カ月に利用できる日数は要介護度によって下記のように異なります。

要支援１	６日
要支援２	11日
要介護１	17日
要介護２	20日
要介護３	28日
要介護４	30日
要介護５	30日

短期入所は性急に行うと、トラブルが起こりがちです。その原因として、住み慣れた自宅とは勝手が違うために起きる転倒事故や同居者とのトラブル、施設の職員の準備不足があげられます。

そのため、利用を始める前に受け入れ先と充分な情報交換を行いましょう。飲んでいる薬や持病、身体状況、生活習慣や暮らし方といったことを伝えましょう。

また、「もっといい施設があるはず」と、ショートステイ先を転々とするよりも、同じ施設を利用したほうが、利用者も受け入れ側も馴れてくるので、事故のリスクは低くなります。

母も最初は馴れずにストレスになったようでしたが、母と同じ日に利用する顔見知りができたことで、ショートステイ生活に馴染んでいきました。

施設でも入所を申し込む際には家族が行うのですが、ショートステイはケアマネジャーが行います。**特養では日常生活のケアと簡単な機能訓練の提供、老健では日常生活のケアに加え、理学療法士などによるリハビリが受けられる**など、サービス内容が異なります。

利用日数は、要介護度によって違います。連続して利用できる日数も、自治体によって変わってくるので、確認が必要です（表9）。

母は、2度目に入院した病院から期間を置かないでショートステイを利用することができました。全国的にショートステイも「待ち」の状態と聞いていました。さらに、初めて施設を利用する際には、1泊2日程度のお試し宿泊を実施して、施設側がOKと判断したら申し込みができるそうです。そのため、母がショートステイを利用できるようになるには、退院してから1カ月以上も待たなければなりませんでした。

しかし、2度目に入院したときは、医師が退院後の生活をとてもよく考えてくれたため、すぐにショートステイを利用することができたのです。

吐血して担ぎ込まれたのは、東京にある総合病院でした。母を担当した循環器内科の医師に、退院後は施設の入所を目指したいと相談すると、施設側に提出する「紹介状」の手配をしてくれたり、退院後のことは逐一ケースワーカーと相談するようにアドバイスをしてくれたりしました。そして、ケースワーカーが私の住むエリアの施設に連絡を取ってくれたため、すぐにショートステイを利用できるようになったのです。

退院後の生活のことまで親身に相談に乗ってくれた先生がいなければ、どんな介護地獄に陥っていただろうかと思うと、感謝せずにはいられません。

母は自宅からバスで20分程度のところにある、特養のショートステイを1カ月のうち2週間利用することになりました。

ショートステイの利用料は、居住費1日820円×15日で1万2300円、食費が1日390円×15日で5850円、15日間の介護サービスの自己負担額が1万2765円、合計3万915円。食事や薬の管理はもちろんのこと、24時間ヘルパーが見守ってくれるので安心できます。

2008年10月から1カ月のうち2週間、母はショートステイを利用する生活が始まりました。**お正月やお盆、ゴールデンウィークなどは利用を希望する人が多い**ので、その期間は自宅で過ごし、休み明けから入所するプランを立ててもらっていました。

母がいないとき、私は自由な時間を得ることができましたが、飲み会などを入れるとかえって疲れが出てしまうので、なるべく仕事以外は自宅で休息を取ることにしました。

また、パラサイトシングルでお気楽人生を過ごしていた頃は、長期休暇が取れれば海外旅行が定番でしたが、大型連休のときは自宅で介護。バカンスとは無縁の生活になっていったのです。

献立ばかり考える毎日

母が自宅にいるとき一番苦痛だったのは、食事の支度です。

恥ずかしながらこれまで1度も台所に立ったことがない私が、母の食事の世話をしなければならないのです。たまねぎを刻むときは目に染みて涙が出てきてしょうがないので、スイミングのときに使うゴーグルをつけていました。これだけで、どれだけ食事の支度をしたことがないのかがわかるのではないでしょうか。

母が最初の病院を退院した直後は、姉が夕食を作りにきてくれていたので、朝、少し早目に起きて、朝と昼の食事を用意しました。ご飯はまとめて炊いて、1膳分をラップに包み、冷凍庫で保存しました。

夕食を作るようになったのは、母が2度目の病院を退院してからです。ショートステイを終えて自宅で過ごしているときが大変でした。料理のレパートリーはないに等しかったので、**冷凍食品のおかずにはずいぶん助けてもらいました。**コロッケやシュウマイ、チキンナゲット、ハンバーグなどの肉類から温野菜まで、なんでもそろっています。

週末は決まってカレーライスを作りました。少人数で一から作るのは時間がかかるので、野菜を刻んでレトルトのカレー2袋分ぐらい鍋に入れて煮込みました。焼き魚はサケのムニエルをよく作りました。カレーで使う分があまったじゃがいも、にんじん、たまねぎはツナ缶とまぜてサラダに。

野菜はゆでる時間を省くために、よく電子レンジを使いました。ほうれん草はカットしてから温め、お浸しにして食べました。一番助かったのは日持ちするだいこんでした。だいこんは「おでんの素」を買ってきて即席煮物にしました。

大好きな韓国料理は、チヂミやチャプチェ、チゲ。レパートリーは和食よりも増えたと思います。

まったく料理をしたことがなかった私でも、しばらくするとそこそこのものがテーブルに並ぶようになりました。けれども、食事の支度をすることは一向に好きになれませんでした。ひとりであればお惣菜を買って帰ったり、食べて帰ったりすればすむので、夕食の献立にアタマを悩ますこともありませんが、母のことを考えるとそうもいきません。

「今日は何を買って帰ろうかな」

「何を作ろうかな」

スーパーのチラシを見ながら特売品をチェックするのが日課となり、始終食べることばかりを考えるようになりました。それは、ときに楽しく、ときに苦行でした。

でも、食事を作るとき、母から初めてアドバイスをもらいました。自分で食事を作るようになって、あらためて母親に感謝をする気持ちがわいてきました。少し遅いかもしれませんが……。

第三章　母と私の葛藤の日々

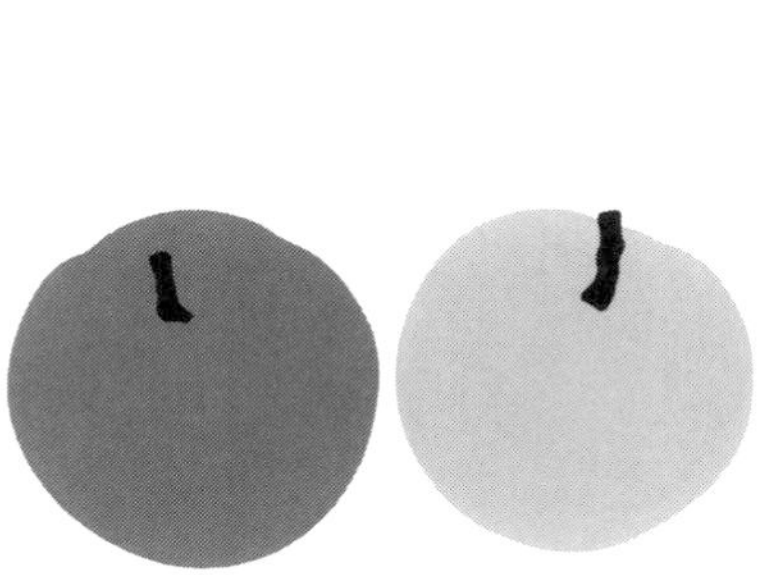

母の鬱憤ばらし

母は集団生活の経験がなく、社交的でもないので、ショートステイを初めて利用した２週間は自室にひきこもりがちでした。

３度の食事やおやつの時間にはダイニングルームに10人ほどの入所者が集まるのですが、ここでもレクリエーションをするのがイヤだと言い始めたのです。

施設でレクリエーションは毎日行われるのではなく、１週間に２～３度、ゲームをしたり、童謡をみんなで歌ったりしたそうですが、なかでも「ゲーム」が苦痛だったようです。たとえば、日本地図をホワイトボードにかけて都道府県名を当てるゲームをすると、母だけがスラスラと答えてしまい、隣のお年寄りから「そんなに元気なのに、なんで施設にきたのか」とデイサービスのときと同様に何度も質問され、それに答えるのが面倒だと言って、自室にひきこもるようになってしまったのです。

施設のヘルパーは母を心配して、数時間おきに「お通じはあったか」「血圧の測定時間だ」などと言い、代わるがわる部屋に様子を見にきてくれていたのですが、

「ご飯のとき以外は放っておいてくれればいいのに」

とこぼしていました。私は施設のケアマネジャーに、

「母は50年来過ごした父が昨年急死してから目に見えて衰えてしまい、この施設に入るまで約3カ月、入院生活を送っていました。専業主婦でもともと社交的ではないので、自室にこもっていても普通だと思って心配しないでください」

と頭を下げるばかりでした。

でも、幸い、打ち解けてくれた入所者やヘルパーがいたおかげで、最初のショートステイ生活はなんとか問題も起きずにすみました。

「このまま安らかな日々が過ごせますように……」

と手を合わせていましたが、そう簡単にはいかないのが人生というもの。

自宅に帰ってから、反動がきたのです。

ショートステイに入っていた期間は、母いわく、「がまんしていた」そうで、自宅に帰ってきてからその鬱憤《うっぷん》晴らしが始まったのです。

母は倒れる前から、腰がSの字に曲がる「腰部脊柱管狭窄症」でした。腰痛がひどいため、「湿布をもらうために整形外科に通いたい」と言い、施設の近くの整形外科に隔週で通うことになりました。

次には足の指が白癬《はくせん》菌で水虫が悪化したようになり、「皮膚科に行きたい」。自宅から歩いて5分もかからない皮膚科に連れて行ったのですが、特殊な爪切りで爪をカットしてもらっただけ。

少しは歩かなければと言い出し、冬でも穏やかな日には自宅の周りを散歩し始めました。すると、「帰りにコンビニで買い物がしたい」。でも、何か買いたいものがあるのではなく、どうやらお金を使いたい気分のようなのです。

母の年金はすべて医療費に充てており、年金で足りない分は私が補っていました。そのため母が自由になるお金はなく、その都度必要な額を渡していたのです。

母は毎朝1000円程度せがむようになりました。私が「食事は作り置きしているから、買い物の必要はない」と断ったときには……。出がけにケンカをするのも気分悪いので、結局は1000円渡して家を出て行くようになりました。帰宅してから、何を買ったのかゴミ袋を見てみると、チョコレートやおせんべい、菓子パン、好物のさくら餅、ようかん……。

母はこれまで自分から「○○がしたい」という要求を私にしたことがありませんでした。デイサービスを利用したとき、初めて母の愚痴を聞いてとまどいましたが、今度は母の要求にとまどい始めました。それを断ったときの機嫌の悪さにも驚きました。母の変化が理解できませんでした。

さらに、**お金の請求はエスカレートしていきました。**今度は「夕食は作らなくていい」と言い出したのです。

「施設や家の食事は飽きたので、コンビニの『幕の内弁当』が食べたい」

食欲が旺盛になったのは喜ばしいのですが、私の財布の中身がついていきません。

また、心臓の調子を確認するために、心臓カテーテル治療を受けた病院の循環器内科に定期的に通うことになっていました。電車にはまだ乗れなかったので、自宅近くからタクシーで病院に行くと、往復で6000円かかります。タクシー代は仕方がないと思っていましたが、病院の売店でおねだりをされるようになったのです。

病院の売店には入院患者用の寝間着類がそろっています。1着4000円ぐらいですが、病院に行けば必ず1着はせがまれるようになりました。買わないと機嫌が悪くなるので仕方なく買いましたが、病院に通うだけで1万円以上の出費になるのは、本当にアタマが痛いことでした。

BBばあさんの行く末

「BB」と聞いて連想する言葉は何ですか?

女優のブリジット・バルドー、韓国のコスメBBクリーム、80年代に人気を博した漫才師B&B……。

正解は「貧乏ばあさん」の略称です。

NPO法人「高齢社会をよくする女性の会」理事長であり、評論家の樋口恵子さんらが、「高齢女性の貧困化」を国会などに問題提起する際、貧困に直面する高齢女性たちのことをそう呼び、「貧乏ばあさん防止計画（BBB計画）」を訴えています。

２０５０年前後には、女性の65歳は４人に１人、このうち半数は被用者年金も不十分で年間所得が約１２４万円に満たない貧困層になることが予想されるのだそうです。

母も私がいなければ間違いなく「貧困層」に属しています。

母は父が国民年金に加入していたので、自分は加入しなくても父が死んだ後には「遺族年金」がたくさんもらえると勝手に思い込み、自分の年金を払うのは途中でやめてしまったのです。

遺族年金には遺族基礎年金、遺族厚生年金の2通りあります。

遺族基礎年金は子のある妻と子が対象ですが、子供は18歳までと限られています（受給期間は18歳到達年度末まで。20歳未満で障害年金の1級、2級に該当する子）。

一方の遺族厚生年金は子のある妻、遺族基礎年金支給対象の子、子のない妻、孫（18歳到達年度末まで。20歳未満で障害年金の1級、2級に該当する子）、55歳以上の夫、父母、祖父母という順に受給されます。

母は、父がいなくなった今は「遺族厚生年金」しかもらっていません。

年金（老齢基礎年金）は原則として20歳から60歳になるまでの40年間のうち、当時は25年以上保険料を納めた人に、65歳から生涯にわたり支給されていました。

国民年金は1959年に国民年金法が制定され、1961年から施行されました。

第1号被保険者は（20歳以上60歳未満）、自営業者とその配偶者、学生、無職といった会社員以外の人が適用になります。

第2号被保険者は会社員が加入する厚生年金、公務員が加入する共済組合加入者が適用されます。

第3号被保険者は、2号保険者の扶養されている配偶者が適用されますが、創設が1986年4月なので、1986年3月までは「カラ期間」といって、納めていなくてもサラリーマンの妻であれば認められるのですが、父は第1号被保険者だったため、同じ専業主婦でも「カラ期間」は認められません。

日本年金機構（旧社会保険庁）からは母宛に「年金加入期間に関するお知らせ」が定期的に届けられます。そこには月額納めた期間、つまり加入期間が192カ月と印刷されていました。２０１７年から年金を受給するためには、加入期間が10年以上になりましたが、当時は25年以上、つまり３００カ月が必要でした。母は9年間も未納の時期があったため、１円ももらえませんでした。高齢女性は受け取る年金額も不十分です。専業主婦歴が長かったこともあり、年金が少ないといっても、今さら仕事に就けるはずもありません。

生活費で足りない分は子供たち（私ら）がなんとか捻出することで生活はかろうじて成り立つものの、子供がいない人、子供の援助が受けられない女性も少なくないでしょう。

援助がないときには、生活保護を受けることになります。

折しも、この経済不況で誰もが生活に追われて大変です。最近は貧困の問題がクローズアップされていますが、若者に焦点がいきがちで、被用者年金が十分でない低所得の高齢女性についてはあまり取り上げられません。

子供手当はあるけれど「貧乏ばあさん手当」はないのです。

イライラから抜け出せない毎日

母が自宅にいるとき、早く帰らないといけないと、そればかりを思っていました。家でひとりにさせておくのが、心配だったのです。

まだひとりで入浴はできなかったので、週に2回、休日の昼間と平日の午前中に入浴介助をしていました。夜に入浴すると調子が悪くなるので、週に1度は出社時間を調整してお風呂に入れる時間を作っていたのです。でも、**介助知識のない私にとって入浴介助は重労働**でした。母を抱えているときに濡れた床に滑りそうになり、心臓が止まりそうになりました。そのときはどうにか踏ん張りましたが、腰に余計な力が入り、持病の腰痛がますますひどくなりました。

母は倒れてから夜中にトイレに行くようになりました。年を取ったこともあるのですが、下剤の影響が強かったのです。母は食が細くなってからも毎日お通じがないとイヤがり、便秘がちな私でも敬遠する強い下剤を服用していました。その薬は、お腹がゴロゴロッとしたら、もうがまんできないのです。そのため、母はトイレまで間に合わず粗相をしてしまうことがしばしばありました。その始末を自分でしているのですが、それが中途半端だから、起きて掃除をしなければならないのです。いくら私が「食べないんだから、出ないんだよ」と言っても納得しません。「薬を変えたら」と言ってもダメ。もちろん、オムツを利用するのもダメ。母の後始末をしているとき、腹立たしくて泣きたくて、どうしようもありませんでした。

母がショートステイに出かけると、私は家中の掃除をしました。最初に入院したときに、母の皮膚は魚のウロコのようにポロポロと剝がれ落ちるようになっていましたが、それは一向によくならず、どこもかしこも、母の皮膚の粉で真っ白になっているのです。私は料理はダメですが、きれい好きなほうで、家が汚いと落ち着きません。母が出かけるやいなや、布団を干し、寝具を洗い、家中を磨きあげるように、ムキになって掃除をしていました。

母が倒れる前から、私は教育訓練給付制度を利用して、資格を取得するために学校に通っていました。じつは、ファイナンシャルプランナーの資格を取得して、その資格を生かして執筆活動を展開しようと青写真を描いていたのです。教育訓練給付制度では、学校の修了証をもらって学費をハローワークに請求しなければ、全額自腹です。出欠日数が足りなかったり、リポートを提出しなかったりすると、修了証はもらえません。

母が倒れてドタバタしましたが、補講を受けてなんとか出席日数はクリアしました。しかし、リポートが締め切りに間に合いませんでした。何がなんでも修了しなければならないのですが、リポートを作成する時間がまったくなく、母がショートステイを初めて利用した期間にどうにか作成しました。修了して、ようやく資格を取得するための試験を受けられるようになるのですが、試験勉強をする時間がなく、当然落ちました。**試験に落ち続けるうちに、落ちたのは母のせいだと思うようになっていった**のです。

また、2度目の病院を退院する際、**主治医から半年に1回は入院治療が必要と言われ、金**

銭への不安が押し寄せてきました。

母が倒れるまでは節約などとは無縁の生活でしたが、「1円でも切り詰めたい」と思い、ムダが許せなくなりました。歯を磨くときも水の出しっ放しが気になって、そのたびに母と口論になりました。調味料もたっぷり使うので、とくにマヨネーズの消費は早く、節約を促すとケンカ。

洗濯や食器の後片付けは私がやるようになりましたが、「たまに手伝う」といって母が台所に立とうものなら、お皿の置き場が少しでも違うと言い争い。**母の一挙手一投足をチェックするようになり、母も私といると居心地が悪い**というようになりました。

入院費やショートステイの利用費以外の費用をできるだけ抑えようと、家計を切り詰める生活を始めた結果、心にもゆとりを失い、人生の出遅れ感が湧き出し始めて焦りを生み、私は絶えずイライラするようになったのです。

母を施設に入れるつもりだと、親戚に話をしたとき、「もう少し、考えたら？」と言われました。その親戚は決して私を非難したわけではないのです。でも、そのときの私には受け入れられない言葉でした。

「もう、できない！」

私は心の中で叫んでいました。

私はいつしかひとりですべてを抱え込んでいたのです。**誰にも相談しない、誰にも愚痴を言わない、誰にも助けてもらわない……。**

もっと親戚や姉と話をしたら、事態は変わっていたかもしれません。みんなが助けてくれたかもしれません。でも、私が話をしなかった。周りの人には何も言わせないという雰囲気を私が漂わせていたのです。

母との関係が悪化し続けていた頃、ケアハウスに空きが出たという知らせが届きました。2009年4月、母は入所できることになったのです。喜んだのは私だけではありませんでした。母も小躍りするように喜んでいました。

「これであんたに殺されずにすむ」と。

「お札」に羽が生えた

人が亡くなった後はお葬式で行事が終わるのではなく、四十九日、納骨、一周忌の法事といった行事があり、僧侶に御経を上げてもらうための「お布施」、参列者との会食代、遠方からきてもらった親戚には交通費として「お足代」、会葬御礼……、法事を催すたびに数十万という出費があります。それだけではなく、位牌、仏壇、戒名をつけるのにもお金がかかります。

父は生前、お墓の用意はしていなかったので、父が亡くなった後、慌てて購入したのがお墓でした。父のお墓は私の貯金でまかないました。**永代使用料と墓石代を合わせると、新車が1台買える金額**になってしまいました。

これまで世話になったのだから恩返しのつもりで……と思っていたのですが、母の入院や介護にかかる費用は想定外でしたので、長期の入院費や病院のタクシー代は痛い出費でした。

母が倒れた2008年、医療費に約40万円かかりました。このほかあれやこれやとお金は飛んでいきました。

ケアハウスにかかる費用は、入居費と食事代、介護サービスの自己負担、事務費で1カ月15万円。ＢＢばあさんの年金はあてにならないので、姉に相談して一部援助してもらうことになりましたが、それでも家賃を2軒分払う感覚です。

お札に羽が生えてどんどん飛んでいくので、ケアハウスに入所する際、無駄遣いをなくすため「家計の見直し」を徹底しました。

まず、毎月9000円かかっていた保険を解約しました。入院した際に5000円は受け取れるという医療保険と、死亡保険金が支払われる「定期保険特約付終身保険」に加入していましたが、一家の主でなければ「死亡保障」は必要ないと思い直し、掛け金1カ月200

0円で入院費や手術代が受け取れる掛け捨ての医療保険に入りました。

約7000円のコストダウンです。

2009年は「巣ごもり消費」などの言葉が流行ったように、外食よりも自宅で食事をとる人が多くなりました。そのほうが安上がりだからです。私もそのひとり。

会社帰りの「1杯」を控えて、食費は2万5000円までと上限を設けました。スーパーの格安競争が起こったおかげで、買い物は安くすみましたが、切り詰める生活はなんとなく「みじめな気分」でした。

母の入所を願っていましたが、いざ入所となると、「自分の時間」を取るか、「お金の余裕」を取るか一瞬躊躇しました。**ショートステイを繰り返し利用するのは3万円程度ですむ**のです。でも、私は「自分の時間」を選択したのです。

心が折れた瞬間

幸いにもケアハウスに入所でき、春を迎えた気分になっていたと思ったのですが……。母も私もうまく気持ちの切り替えができなかったのです。

ケアハウスに入所した当初、会いにいくたびに母に買い物を頼まれました。お菓子、タオル、ヘアクリーム、ハンドクリーム、化粧水……。それも銘柄、サイズまで細かく指定されるので、そのたびに商品を探し歩かなくてはなりませんでした。見つけられずに違う商品を持っていくと、機嫌が悪くなりました。次に会いに行ったとき、また同じ物を要求されるので、「先週買ってきたじゃない」と言うと、「もうない」と言ってねだるのです。

半年が過ぎた頃、母の顔を見ると嫌味のひとつも言わないと気がすまなくなってきました。

買い物を頼まれるたびに、

「年金もロクにないくせに、金ばかり食う金くい虫」

そして、

「こんな家に生まれてくるんじゃなかった」

「残った者が貧乏くじを引く」

と悪態をつくのがエスカレートして、言葉の暴力を吐くようになっていったのです。

言った後、「あぁ、しまった……」とイヤな気持ちになるのですが……、止まらなかったのです。

一方、母は私に些細《ささい》な「ウソ」をつくようになりました。

気に入らないことがあると、いじわるをされたわけでもないのに「あの人からいじわるされた」。食後の薬を出すタイミングが遅れたときには、「ヘルパーがいじわるをして、薬を出さない」。

　母をケアハウスから病院に連れて行ったときのことです。

　心電図の検査を受けたら、「入院が必要だと担当の人に言われた」と母は言いました。

　診察室で医師に訊ねたところ、まったく問題がないとのこと。私は、「なんでウソをつくの」と待合室で母を問い詰めました。そして、思わず母の頭の後ろをパシッと平手で叩いたのです。そのとき、ニュースで話題になる「介護の末の親殺し」を思い出し、恐怖が押し寄せてきました。それから介護が原因で起こる殺人などのニュースを耳にするたび、「明日は我が身かもしれない」と思うようになりました。

　それでも、**私のイライラは一向に収まらず、それが伝播するのか、母の感情の起伏も一層激しくなり、手に負えなくなっていった**のです。

　病院に連れて行った際、スイッチが入ったように話し始めるので、「待合室では私語は慎まないと」と、口に指を当てて、「シーッ」と何回も注意をしても、またペラペラと話し始める。おしゃべりが止まらなくなると、待合室で隣に座った女性に話しかけ始めます。うるさくなると、また「シーッ」。診察室に入ると「先生の顔を見るのは久しぶりなのでうれしい」と言い出してケタケタ笑い出す。先生に「真面目にやってください」と注意されたこともありました。

そして、ある日。

「些細な出来事」が気に入らなくて、ヒステリーを起こしたのです。

この頃の母は、薬をすべて管理されるのが、なぜか気に入らないようでした。整形外科から痛み止めの薬や湿布薬をもらうようになったのですが、「薬は自分で管理する」と言い出したのです。薬や湿布薬のすべてはケアハウスの職員が管理することが決まりになっていて、ケアハウス側から「お母さんが決まりごとを守ってくれない」とクレームを言われました。薬をめぐって行き違いがあり、ヘルパーが一方的に怒鳴りつけられたとも言われました。

「トラブルだけは起こさないでくださいね」と釘を刺されて、背筋が凍る思いをしました。

施設で問題を起こしたら、すぐに退去しなければなりません。自宅で介護することだけは絶対に避けたかった……。その焦りもあったため、母に対してとかく命令口調になっていました。

「薬はヘルパーに預けなさいよ」

その日、病院の待合室で私がそう言った瞬間、待合室中に響き渡る金切り声をあげて、鬼の形相で私に食ってかかってきました。

「なんであんたは薬を取り上げるの！」

そこから先は何を叫んでいるのか、わかりませんでした。私は頭の中が真っ白になってしまい、その場から立ち去りたいという気持ちでいっぱいでした。すぐに受付のスタッフや看護師さんが飛んできて、「落ち着いてください」「ほかの患者さんの迷惑になりますから」と、母はなだめられていました。

私はお手上げ状態になり、平身低頭謝りながら会計をすますと、母を待合室に置いてひとりで病院を後にしました。そして、門にもたれながら、「なんで自分ばかりがこんな目に遭うんだろう」と、しばらく立ちつくしてしまいました。

父と3人で過ごしていた頃、母はおだやかで、怒鳴ったりヒステリーを起こしたりしたことは1度もありません。生まれて初めて見る「鬼の形相」に、私はショックを受けたのです。心が折れた瞬間でした。

呆然と立ちつくしていたところに、ケアハウスのベテランスタッフがクルマで迎えにきてくれました。そして、子供をあやすように母をなだめると、母のヒステリーはピタッとおさまったのです。母がもとに戻ったのです。何がなんだか私にはわかりませんでした。

ヒステリーの原因

私が「憎まれ口」を叩くと、「憎まれ口」の応酬が始まり、母と顔を合わせるたびに口論となりました。それでも、仕事を始めれば気分は切り替えられていたのですが、日が経つにつれ、気持ちが切り替えられなくなり、仕事がはかどらなくなっていきました。

ついには「早くラクになりたい。早く逝ってくれないかな」と思うようになりました。親の死を願う……。このままではまずいと思ったある日、偶然にも施設の看護師さんから呼び出されたので、相談を持ちかけてみました。母はなぜヒステリーを起こしたのかと……。

「季節が変わって寒くなってきたので、骨粗鬆症《こつそしょうしょう》からくる腰の痛みが、強く出ているのかもしれません」

と看護師さんは話してくれました。

母は腰部脊柱管狭窄症も患っていましたが、高齢のため手術ができず、痛みはがまんするしかなかったのです。

「寒いと痛みが増すことがあります。痛みによるストレスで、身近にいる娘さんに、つい当たってしまうのではないでしょうか」

と言われて納得しました。

痛みをがまんして、座る姿勢を変えていくうちに、別の部位に痛みが生じるという悪循環に母は陥っていましたが、別の薬を処方してもらったところ、「痛みは消えないが、がまんできる」と、落ち着きを少し取り戻しました。

介護をしているとさまざまな「悩み」に突きあたりますが、そのなかでも厄介なのは、気持ちのすれ違いです。一生懸命介護しているのに、それが伝わらないとき、介護を投げ出したくなります。母は一体何を考えているのか……、ひとりでいくら考えても、その答えは出ません。**要介護者の気持ちを知るのには、まずは本人の症状や体調を日常から把握している医師や看護師、ケアマネジャーなどに相談してみるべき**だと実感しました。

後日、喫茶店に連れだしたとき、クリームあんみつで機嫌を取りながら、「どうしてヒステリーを起こしたのか」と本人にたずねてみました。

「自分でもなんであんなことをしたのか全然わからない、恥ずかしいから2度としない」と話してくれました。私はあのときのことを覚えていないのではないかと思っていたのですが、事の顛末は覚えていたようでした。

施設での生活は、個室でプライバシーが保たれているとはいえ、食事のたびに食堂に集まらなくてはなりません。これまでまったく人付き合いをしてこなかった母にとって、**ケアハウスでの生活はコミュニケーションを取らなければならないという煩わしさがあった**ようです。施設で暮らすさまざまな人とうまく付き合うことは、相当のストレスになっていたのでしょう。

私も仕事でカチンとくることを言う人に出くわすことがありますが、「一生関わる相手ではない」と思い、割り切ってきました。でも、母はそうもいかなかったのです。

母はそれから少しずつ落ち着きを取り戻しました。感情の起伏はあれども、ヒステリックな症状はなくなりました。

初の「心療内科」通い

母を病院に連れて行く日は、週明けの月曜と決まっていました。幸運なことに私の仕事は土日祝が休みではなく、日祝月が公休日なので、有休や半休を取得せずにすみました。でも、病院から帰ってきた後は精神的に疲れてしまって、夕食もとらずに数時間寝込んでしまうのです。目が覚めても、なんだか起き上がれないのです。

〝燃え尽き症候群〟のように何もする気が起きなくなって、ひたすら寝続けていると、起き上がれない自分がダメ人間のように思えてなりませんでした。母がヒステリーを起こした光景をつい思い出してしまい、イライラが募りました。イライラする自分がイヤになりました。自分が吐いた暴言を思い出しては、「昔はこんなセリフ、口にすることはなかったのに……」と気分がどんどん落ち込みました。そして、こんなことになったのは、すべて母が悪いからだと思うようになりました。

平日の夜は、寝ようと布団に潜り込んでからも考えるクセがつき、目が冴えてしまうこともしばしばありました。

「ホットミルクを飲むと眠れる」と家庭向けの医学書には書いてありましたが、そんな程度で深い眠りにつけるのであれば悩むこともありません。**体は疲れているのに興奮してしまい、眠れない**日が続いてしまったのです。

最初のうちは安い国産の白ワインをグラスに半分程度飲めば、30分も経たないうちに夢の世界に飛び込めていたのが、30分経っても、1時間経っても一向に眠れなくなり、明け方近くまで目が冴えてしまうことが頻繁になりました。

すると、翌朝はボーッとしていて、通勤途中に駅の売店で健康ドリンクを飲んで頭をハッキリさせるのが日常になりました。でも、それは次第にエスカレートし、カフェインが2倍以上入っているドリンク剤を飲まなければ、まぶたが開かなくなってしまったのです。

このままではまずい……。

今度は、寝る前に飲む白ワインの量が増えました。でも、量が増えれば寝ている途中にトイレに行きたくなって目が覚めるという悪循環に陥りました。

ワインは止めて、韓国料理を食べる際に一緒に飲む焼酎を買い、小さなお猪口でグイッと飲むようになりました。でも、1杯飲んでもまったく眠気がこない。やはり、2杯、3杯と増えてしまったのです。

どうにも仕事がはかどらなくなったある日、「心療内科」にかかってみようか、と思い始めたのです。２００９年10月のことでした。

私の「具合が悪い」原因は、親の介護にあります。だから、介護のことを相談したかったのですが、**介護者の相談窓口は意外と少ない**のです。

市区町村の**自治体によっては、「24時間介護相談ダイヤル」などを設けて、さまざまな「SOS」に看護師やケアマネジャーが対応してくれる**制度もあるのですが、私が住んでいる自治体にはそのような制度はまだありませんでした。

そこで、保健所に電話をしてみました。

保健所で行われていた介護者の「心の相談」は、心療内科の医師や心理士がカウンセリングをして、アドバイスをしてくれるわけではなく、「担当者が話を聞き、場合によっては専門医を紹介する」というものでした。

最近では介護者へのカウンセリングや相談窓口が全国で少なからず出てきたようですが、当時はまだ「相談」と「治療」が別でした。介護者が「相談」をしたとしても、そこから「治療」にたどりつくまでには、カウンセラーから医師への紹介などに時間がかかり、その間「心の病」が悪化してしまう恐れもあります。これでは役に立ちません。

私は思い切って通勤途中にある「心療内科」の扉をたたきました。

「介護で疲れてイライラするのと、夜眠れなくなった」

と医師に訴えると、介護の話を聞くまでもなく、

「眠れないのであれば睡眠導入剤、それとイライラを抑える薬を出しますね」

と薬を処方され、3分程度の診療で終わりました。

それでも、「イライラするときに飲んでください」と言われた薬を飲むと、不思議と気持ちが落ち着いてきました。すると、母の顔を見るたびにむしゃくしゃして嫌味のひとつでも言いたくなっていた気持ちが、少しずつ収まってきたのです。

そして、睡眠導入剤を飲んで、1日8時間程度寝ることを心がけました。

ただし、**お酒を飲んだときに薬を飲むと強い作用が出るというので、お酒と一緒に飲むことは禁止**されていました。

服用している期間はあまりお酒を飲むこともなく、早寝早起きを心がけました。

夜に自宅に帰ってきてインターネットやメールをやり始めるとつい夢中になって眠れなくなるので、自宅ではパソコンにさわるのも控えました。

寝る前にはストレッチや軽い体操をして、心地よく眠ることに集中したものです。

週末は締め切りがあり、深夜から明け方まで提出する原稿を仕上げなければならないので、

いったんはリズムが狂いますが、週の半ばまではなるべく体を休めるように努めたのです。

私が心療内科通いから脱出できたのは、出張や旅行で日常から離れたことがきっかけでした。

まずその年の11月、取材で紅葉真っ盛りの京都や大阪、神戸に出かけ、移動しながら紅葉を愛でているうちに、心がスッキリしていくのを感じました。出張中は翌日に支障をきたすと困るので睡眠薬の服用を止めたのですが、1日中歩きまわってクタクタになったせいか、薬なしでやっと眠れるようになったのです。

出張から帰ってきたときは、心身ともにリフレッシュできた自分を感じました。

そこで、思いきって睡眠薬の服用を中止してみました。睡眠薬は効きすぎる体質なのか、飲むとよく眠れたのですが、翌朝は時間通りに起きられても頭が重たくて、お昼近くまでボーッとしてしまうことも多く、仕事がはかどらない日もあったのです。やめた当初はすぐに眠れない日もありましたが、「眠れない」ことを気にしないように心がけました。「眠れなくてもいいや」と思うと、眠れない時間が続いても気にならなくなり、そのうち深い眠りが少しずつくるようになったのです。

こうして私の心療内科通いは、1カ月程度ですみました。

風邪やほかの疾病と違って、どのレベルに達したから治ったという目安もないので、回復したのがいつかは正直わかりません。心の中の鬱屈した〝モヤモヤ〟感は、その後も絶えずつきまとっていましたが、２００９年から２０１０年の年末年始には韓国・ソウルに８日間滞在し、午前中は語学学校に通い、午後は現地の友人たちと会食して過ごしました。かつてパラサイトで青春を謳歌していた頃の〝おひとりさまの休日スタイル〟をようやく取り戻せたことが、今振り返ると一番の心の薬になったのだと思います。

多くの**介護者の方は気分転換もままならない環境で心の悩みを抱えています。**私の仕事は適度に出張があり、日常から強制的に離れることができたのは幸運のひとつでした。訴える場もなく、また訴えたとしても医療的な対処が整っていないと、どんどん悩みの泥沼にはまっていくのかもしれません。

◆介護者とお酒の関係

介護者の中に「アルコール依存」に陥ってしまう人も少なくないと聞きました。

毎日の介護で疲れ果てているのに将来のことを考えると眠れなくなる、夜中に起こされて眠れなくなるから、ついお酒の力を借りる。そして、１杯が２杯になり、いつしかお酒がなくてはがんばれなくなってしまうのかもしれません。

小説家・丹羽文雄さん（1904年11月22日－2005年4月20日）は、晩年はアルツハイマー病を患い、長女・本田桂子さんが料理研究家という職業を持ちながら、介護を担っていました。その10年あまりの記録は、著書『父・丹羽文雄　介護の日々』（1997年、中央公論社）につづられています。さらに、介護保険制度が始まった2000年春から、どのような介護をしていったかは、『娘から父・丹羽文雄へ贈る朗らか介護』（2001年、朝日新聞出版）に詳しく書かれています。

本田さんは、母親（1998年9月没）とご主人の母親の介護も経験し、ストレスのあまり、アルコール依存症になってしまったそうです。そして、2001年4月に虚血性心疾患により、65歳で父親を残して突然逝去されました。

アルコール依存からやっと回復し、執筆活動や介護に関して講演や提言を積極的に行い始めた矢先の出来事で、関係者のショックも大きかったそうです。

人によっては反応に違いがありますが、**アルコールは一時的に血管を拡張して血圧を下げる作用があります。**晩酌でお酒を飲むと朝はリバウンド効果が起こり、血圧が上がります。**動脈硬化がある人は飲みすぎると心筋梗塞を起こす恐れがある**のです。

また、日常飲み続けている薬があるのならば、お酒を飲むときには注意が必要です。怖いエピソードも医学誌に掲載されていました。

看護師という職業は夜勤もあれば、休日出勤もあるので、体内時計が壊れてしまい、不眠症になってしまいがちです。ある36歳の女性看護師が自宅で缶チューハイ約200ミリリットルで晩酌をした後、睡眠導入剤として処方された「トリアゾラム0・25ミリグラム」を服用して布団に入りました。

すぐに眠りについたのですが、しばらくして突如起き出し、「暑い、暑い」と言って着ている物を全部脱ぎ出し裸になってしまったそうです。隣で寝ていた夫は驚いて注意を促しましたが、表情がぼんやりしていて、話している内容も意味不明、本人はそのことを覚えていないそうです。後日、トリアゾラムによる記憶障害と判明しました。

睡眠薬とアルコールのトラブル例は、国に多数報告されています。

眠れないとき、睡眠薬やお酒に頼る人は少なくありません。でも、お酒は飲む量が〝ほどほど〟であれば「百薬の長」になりますが、飲みすぎると命にもかかわる諸刃の剣。そこに、睡眠薬がプラスされたら……。

私は幸いなことにアルコールや睡眠薬の知識があったため、この2つの併用はしていませんでした。

介護に従事している人や、ひとりでも多くの介護者に、お酒と薬の知識を知ってもらいたいです。

介護うつの恐怖

私は夜眠れなくなって、昼はぼんやり、そして仕事がはかどらなくなったとき、このままではまずい……と真剣に思い始めました。でも、ふと心療内科に通うことを思いついたから救われたのです。もし、思いつかなかったら、介護うつに陥っていたかもしれません。

２００５年厚生労働省の調べでも、**介護者の23％、４人に１人がうつ状態である**という報告がありました。介護のように「先が見えない不安」な状況下で、周囲や職場の理解が得られないなど、別のストレスも加わると精神的にも肉体的にも限界になり、うつ病を発症してしまいやすいのです。介護者の中に、ふとした拍子でうつに陥ってしまう「予備軍」は、相当数いるのではないでしょうか。

睡眠障害（不眠・過眠）、物事に意欲や興味が持てない、気分の落ち込みが続く、食欲がわかない、自分を責める、死や自殺について考える。これらの症状が出たら要注意です。

とくに、「不眠症はうつ病のサイン」とよくいいます。

不眠のタイプは、「入眠障害」「熟眠障害」「早期覚醒」の３つがあります。

入眠障害は床についてから寝るまでに時間がかかります。「夜になると、いろんなことを考えて眠れなくなってしまう」と、訴えるタイプです。

熟眠障害は寝た気がしないタイプの不眠。夜中に頻繁に目が覚めてしまうので睡眠が浅くなり、睡眠の継続時間が短くなります。私も母を自宅で介護していたとき、夜中に必ず母がトイレに起きるので、そのたびに起こされてしまうことがありました。

早期覚醒は睡眠時間が短く、夜中2時、3時に目が覚めます。これが、うつ病に多いタイプです。

眠れないと思ったら、SOSが出せる場所を、ぜひ見つけてください。

◆清水由貴子さんの場合

良くも悪くも、私たち介護者の立場を世間に広め、家族が介護を続けることの問題をクローズアップしてくれたのは、タレント・清水由貴子さん（享年49歳）の「死」ではないでしょうか。

清水さんが亡くなったのは2009年4月20日。父親が眠る静岡県内の墓地でした。「母を連れていきます」との遺書とともに、翌日、遺体が発見されましたが、硫化水素を吸ったのは清水さんだけ。傍らには、車椅子に座った認知症の母親（当時79歳）が取り残されていました。

がんばり屋の清水さんは、家族をラクにさせたいとの思いで、1994年東京都武蔵野市に一軒家を購入し、母子水入らずの生活を大切にしていたそうです。

しかし、母親は腎臓が悪く、糖尿病の悪化から視力をほとんど失ってしまい、2005年頃から近所のデイサービスに通っていたそうですが、清水さんが自ら介護の道を選び、2006年3月で所属事務所を辞めたそうです。

介護関係者によると、2008年の夏に母親が自宅で転倒して骨折。車椅子生活を余儀なくされるなかで認知症も進み、要介護度では最も重い「5」になりました。介護サービスで利用できる月額約36万円分（うち1割は自己負担）のうち、25万円程度しか使わず、ケアマネジャーからヘルパーやショートステイの利用を勧められても、清水さんは「私がやります」と、断ったといいます。

同居の妹にも「私とお母ちゃんのことは気にしないで」と、仕事を休まずしっかりお勤めするように語っていたようです。

清水由貴子さんのように、周囲に明るくふるまう人の〝SOS〟にはどう気づいたらいいのでしょうか。

ＮＰＯ法人「介護者サポートネットワークセンター・アラジン」（東京都新宿区）の牧野史子理事長はこうアドバイスしてくれました。

「介護を抱えていらっしゃる方は心のゆとりを失いがちで、誰かに相談するということを思いつきません。また、アドバイスをしても親子関係に立ち入ってもらいたくないという気持ちが強いので、介護サービスを提案しても、『自分がやるから』と断られたり、かえって逆効果なのです」

こういうとき、ケアマネジャーやヘルパー、回診にくる医師など身近に接する人が、介護する人の体調を気遣う言葉をかけたり、趣味の話題を振って、なるべく外の世界へ目を向けさせることが大事と話してくれました。

ひとりで抱え込む介護者の心をいかに解きほぐせるか——。介護者が親子中心の日常から一瞬でも離れるように仕向ける工夫こそが、救いの一歩といえるのではないでしょうか。

「軽度認知障害」って何だ？

私を疲労困ぱいさせた母のヒステリーは収まりましたが、会話の中でのマイナス思考は相

介護疲れをチェックしてみましょう

介護者は「自分ががんばらなくては！」と、ムリをしてしまいがちです。介護で疲れていないかどうか、下記の表を使ってチェックしてみてください。そして、疲れているときは、ＳＯＳを出すことを考えましょう。

【介護のストレスチェック】

（香山リカ著『うつで困ったときに開く本』朝日新書より）

１．最近２週間以内のほぼ毎日、以下の５つ以上の症状がある。
（※ただし①、②を１つ以上含む）
①１日中の抑うつ気分（悲しい、むなしい、空虚など）がある
②１日中、どんな活動にも興味がわかないし、喜びを感じない
③食欲の減退、または増進
④眠れない、または眠りすぎる
⑤イライラする、または活動が低下する
⑥ひどく疲れやすい、または気力の減退
⑦自分は価値がない人間だと感じる、または自分をひどく責める
⑧思考力や集中力の低下、または決断力の低下
⑨自殺を繰り返し考える

２．以上の症状によって、著しく苦痛を感じ、仕事や家事、学業などに支障をきたしている。

【生活パターンの状態】　（渡辺俊之著『介護で幸せになる』山海堂より）

ストレスの影響が出やすい生活パターンは、「睡眠」、「食事」、「嗜好品」。

睡眠障害が出現すると、食事にも影響が出る。食欲が低下して体重が減少する、あるいは、間食が増えて体重が増加する傾向がある。また、タバコやアルコール、コーヒーといった嗜好品の量が増える。

【人間関係の状態】　（同書より）

他人に対してイライラしたり、ささいなことで怒ったりする。

精神的に疲れると他人とかかわるのもおっくうになって、食事を誘われても時間があるのに断ってしまう。人と会って気を使うエネルギーがない証拠。

変わらずでした。

悪気のない言葉も、「悪意を持って自分に言っている」と母は解釈するのです。イメージすることのすべてがマイナス思考で、少しでも自分の意にそぐわないことがあると、「いじわるをされた」と言っていました。

母と一緒にいると、それがいつ「ヒステリー」に変わるか、気が気ではありませんでした。感情の起伏が激しく、ヒステリーを起こす……。これらの症状は病気からきているものかもしれないと思ったのは、役所から取り寄せた「介護認定審査会」の資料の「生活機能低下の直接原因となっている疾病」欄を見たときでした。

そこには「物忘れがあり、軽度認知障害の疑いがある」と書かれていたのです。

認知症は聞いたことがありますが、「軽度」が付いたのは初めてです。さっそくインターネットで情報を集めてみたところ、次のような解説が出ていました。

「**軽度認知障害は認知症ではありません。しかし、まったく健康な状態でもありません。**認知症になる前の段階、つまり健康な状態と認知症の間の段階です。『老化』による『物忘れ』より記憶障害が進んでいますが、それ以外の脳の機能は保たれていて、日常生活は何の問題もなく送れています」

認知症は保険で検査を受けられます。一方、軽度認知障害は、血液検査などで診断されますが、検査は保険適用外です。

では、認知症かどうかは、どこで見分けられるのでしょう。

それは、「出来事全体を忘れるか」、あるいは「部分的に脱落があるだけか」を見ればよいのです。

たとえば、道でばったり出会った人の名前がとっさに出てこないときがあります。しかし、「あの人は近所に住んでいる人で、どこに勤めていて数年前に退職したはずだ」、「お子さんが2人いたけれど、みんな独立して今は奥さんと2人暮らしだ」という情報が出てくれば、これは部分的な記憶の脱落で、生理的老化による物忘れです。

これに対して、認知症の人は、道でばったり近所の人に出会っても、誰だかまったく思い出せません。物事全体の記憶がすっぽり抜け落ちているため、親戚の人から挨拶されても誰だかわからず、「あの方、どなた？」と聞いたりしてしまうのです。

もうひとつ、認知症の人には「体で覚えた記憶を忘れる」という現象があります。

縫い物をする、ピアノを弾く、炊飯器をセットする、洗濯機を回す、作り慣れた料理を作るというのは、体で覚えた記憶です。体で覚えた記憶は頭で覚えた記憶よりも頑固な記憶で、割合長く保たれます。しかし、認知症になると体で覚えた記憶さえも忘れてしまい、洗濯機を回せなくなったり、得意だった料理の手順がわからなくなったりします。逆にこのような症状が出てきたら、認知症を疑わなくてはなりません。

軽度認知障害の70～80%は5年後には認知症に移行すると書かれていましたが、この段階で本格的な治療を開始すれば、認知症への移行を阻止、あるいは遅らせたりすることができるようになってきたそうです。

30分程度の昼寝、ウォーキング、緑黄色野菜や青魚を食べる、料理を作る、趣味など生きがいを持つことで良い状態を維持できます。

施設の看護師さんから、認知症の初期症状には躁鬱などの精神疾患が現れることもあると聞きました。

母は病に倒れてから2週間ほど昏睡状態が続き、回復期には徘徊したり、少し認知症の症状が見られたのですが、その後はふだんと変わらない状態に戻っていただけに、認知症の初期症状と言われたとき、私は複雑な気分でした。一方で、母の感情の起伏が激しい原因が明らかになったことで、スッキリもしていました。

2週間ほどの意識不明のダメージは、1年半後に現れてきたのです。

第四章　困ったとき、「救いの手」は必ずある

「介護者の会」を上手に利用する

温厚だった母が感情の起伏を激しく見せるようになったとき、その変化にとまどい、どこか相談できる場所はないか……とウロウロしているうちに、些細な暴力に発展してしまいました。自分ではいけないとわかっていても、どうすることもできなくなっていったのです。ショートステイを利用してからは、担当のケアマネジャーに質問したいことを日頃からメモにまとめて、面会のときに教えてもらっていました。でも、自分自身（介護者）が抱える悩みまで聞いていいものかどうか、迷いがありました。よく「ひとりで抱え込まないで」と か「周囲の人に相談するように」と言われますが、介護者自身は本当にケアマネジャーやヘルパーに相談していいものなのか躊躇し、自分ひとりで解決するしか手立てが思い浮かばず、抱え込んでしまうものかもしれません。

介護する家族が相談したいのは、手続きや介護の方法だけではありません。

家族自身が抱える「不安」をどう解消するか、解決できる場が必要なのです。私にとって**同じ立場で物事を考えてくれる「介護者の会」の存在は大きかった**です。介護者の会に参加して、ほかの介護者がどのように親と接しているのか、自分には何が足りないのかを振り返ることができました。

私が参加した介護者の会は、２００９年4月に横浜で行われた、ＮＰＯ法人「介護者サポートネットワークセンター・アラジン」主催の「介護家族のための安心りらっくすツアー」でした。

横浜は自宅から片道1時間以上かかるため躊躇していましたが、アラジンのホームページ（ＨＰ）に書かれてあった〝観光スポットみなとみらいのレストランでおいしい食事をしながら、介護する人同士で日頃の悩みを話したり、情報交換などの交流をします〟という文言で出席を決めました。

「介護家族のための安心りらっくすツアー」は、母と娘、夫婦で参加するという趣旨でしたが、母は人見知りするので、結局私ひとりで参加しました。

会場には総勢で20人ぐらいが集まり、２組の母娘、１組の夫婦、介護中あるいは介護を体験した人が参加していました。

簡単な自己紹介の後、介護者は待望のフレンチレストランに向かいました。オーダーをすませてから、あらためて自己紹介を兼ねて、介護の実情を話し合いました。

ここで知ったのは、介護者が本当に些細な「言葉」で傷ついていることでした。

夫婦で参加した奥さんは、認知症の症状を見せ始めているご主人の世話に明け暮れていました。息抜きのためにおしゃれをして外出しようとしたとき、ご近所から「ずいぶん今日はおしゃれね」と冷やかされて、ストレスが増したと話していました。

参加者全員の話をうかがって気になったのは、**介護者自身が自分から壁をつくっているということでした。**

そして、私自身も壁をつくっていることに気がつきました。

介護に追われているときは孤独でした。普段遊んでいる友だちとも連絡を取らなくなり、疎遠になっていました。忙しいという事情もありましたが、飲み会に参加しても、不平不満ばかりを言いそうで座をしらけさせてしまうのではないかと、自分から遠ざけていたのです。

介護に従事をしていると、金銭的にも心にも余裕がなくなり、普段であれば気にしない言葉に過敏に反応して腹立たしい思いをしたり、イライラが募ったりするため、会話すること自体が面倒になる傾向があります。そして、すべてを自分ひとりで背負って、孤立してしまうのです。

「りらっくすツアー」では、介護のことが一瞬頭から離れ、体験談を聞くうちに自分自身に対しても客観的になれました。また「自分ひとりだけではない」と思えることで、孤独感から解放されました。

ただ、介護に従事している人は50代以上の女性、介護される人は80代半ばの親が中心です。50代以上でも男性で介護に従事している人は少ないので、介護者の会への参加も少ないのです。私の世代の参加もあまり多くはありません。

世代や性別が違うと、ときに気持ちが通じ合わないこともあります。

別の会合に参加したときのことです。

「私たちよりまだ若いんだから（疲れからの回復も早い）大丈夫」「仕事があって働けるだけまだまし」「要介護が2であればまだ軽い、私は4の親を看ているから私のほうが大変」と年配の介護者から言われると、さらに疲れてしまい、会話を交わすのをやめたくなる心境になりました。

確かに要介護5の人を介護するのは、もっと大変なことだと思います。老老介護では要介護者の体を支えるのも、私なんかより一苦労でしょう。それはわかります。でも、「私とくらべたら……」と言われると居たたまれなくなるのです。ため息を飲み込むのが精一杯でした。仕事の悩みも共有できないので、話の接点が見いだせず、その会への参加をあきらめました。**自分と同じような立場の人が集まる会に参加する**のが一番かもしれません。

疲れているときは相手の言葉に過敏に反応してしまい、受け流せないときがあることを自分自身理解しておくといいかもしれません。そういうときはムリに人の輪に参加しないで、ひとりでゆっくり過ごす時間を作ったほうがラクです。

「介護者の会」の存在自身まだ広く知られていません。

ケアマネジャーやヘルパー、主治医など、介護者と接する立場の人が介護者にも目を向けてくれたら、もっと救われる介護者もいるのではないでしょうか。

●NPO法人「介護者サポートネットワークセンター・アラジン」
http://arajin-care.net

頼りになる「人と物」

おひとりさま介護の場合、急な体調異変や困ったことが起きたとき、どう対処したらいいのでしょう。

介護者の会は活動日が決まっているところが多く、いつでも相談できるわけではありません。緊急事態が起きたら、どこにSOSを発信したらいいのか。自治体や民間の〝駆け込み寺〟的な相談窓口を探してみました。

自治体には介護者が困ったときや自分の体調異変に気がついたとき、24時間、365日い

つでも相談できる電話サービスがあります。たとえば２００７年、全国に先駆けて神奈川県相模原市が「ホッと！　あんしんダイヤル」を導入しました。市内に住む60歳以上の高齢者とその家族が匿名で相談できるサービスです。看護師やケアマネジャーなどの資格を持つ相談員が24時間対応しています。電話口では話を聞くだけでなく、状況に応じて医師の診断を受けるように勧めたり、自宅介護の見直しについての助言をしたりするなど、解決につながる道筋までつけてくれます。

でも、介護者を支援する取り組みは、自治体よりも民間のほうが進んでいます。

１９８０年結成の社団法人「認知症の人と家族の会」（本部・京都市上京区）では、**「認知症の電話相談」**（フリーダイヤル０１２０－２９４－４５６、祝日・夏季・年末年始を除く月〜金、午前10時〜午後3時）を行っています。

２００１年設立のＮＰＯ法人「介護者サポートネットワークセンター・アラジン」では、前述した「介護家族のためのりらっくすツアー」だけでなく、**介護者向けの電話相談「心のオアシス電話」**（電話０３－５３６８－０７４７、毎週木曜、午前10時半〜午後3時）のほか、**「老親を家に残して外出できない」という介護者のためには自宅まで出向いて相談に乗る「ケアフレンド訪問」（首都圏限定）**、独身女性を対象にした介護者同士の集いなどを定期的に開催しています。

自分が住んでいる場所にどんな介護者の会があるか。それは、インターネットで調べるか、あるいは地元の社会福祉協議会や自治体が発行する広報誌からも見つけられます。

「万が一」のときに、相談できる場をひとつでも多く日常から確保しておくことも、ひとりで介護している上で欠かせないでしょう。

また、ひとりで過ごす老親を見守るため、ひとりっきりの老後を安心して過ごすためにはどんなシステムがあるのか調べてみると、意外な発見がありました。

電話機につなげて緊急ボタンを押すと警備会社にコールされるシステムは有名ですが、倒れたら電話機のあるところまで自力で這うしか助かる方法はありません。しかし、近年ではＩＴを活用したさまざまな機器があるのです。

セコム株式会社の「ココセコム」は、ＧＰＳを搭載した手のひらサイズの端末を親に携帯してもらえば、離れて暮らしている子が、パソコンや携帯から専用のホームページにアクセスすれば、親が今、どこにいるのか確認できます。

自宅でインターネットが使えるのならば、「見守りカメラ」を設置できます。スマホから部屋の様子が確認できます。異変があればヘルパーや近所の人に連絡をするようにしておけば安心できます。親が家を出ていってしまう心配があれば、玄関にカメラを設置して、動きがあったときにスマホに通知がくる機種もあります。「**スマートリモコン**」は、エアコンなどの家電のリモコンを遠隔操作できます。家の温度や湿度も、スマホで調節することができるので、親を熱中症やヒートショックから守れます。スピーカーに話しかけるとAI（人工知能）が応答してくれるのが**「スマートスピーカー」**。認知症の症状が進んで、スケジュール管理ができなくなったとき、1日の予定を知らせるように設定すると、前もって支度できるようになります。

ほかにも安否確認をするサービスがたくさんあります。なかでも、目からウロコが落ちたのは、自分自身の見守りから亡くなった後の整理まで面倒を看る制度があったことです。**財団法人東京都防災・建築まちづくりセンターが運営する「あんしん入居制度」**がそれです。年額約5万円で、24時間電話相談できる専用通報器などで居室内での見守りセンサーを設置して、一定の時間その場を通らなければ通報システムが作動して、自宅まで安否確認にきてくれます。ほかに約32万円を預けると亡くなった後、お葬式から火葬まで代行してくれるのです。さらに約16万円で、残した家財道具の一切を処分してもらえます。

ただし、島しょ部を除く都民に向けてのサービスです。

「安心」は心身の健康を保つための欠かせないツールです。

〝救いの手〟は探せばあるので、機器や制度を上手に利用したいです。

ご近所力でピンチを切り抜ける

以前、「孤独死」の記事を書いたとき、「ひとり親をどう見守るか」に焦点を当てて取材をしました。

5割以上が高齢者といわれる東京都新宿区の戸山団地では、外出もままならない高齢者を見守るため〝ご近所力〟が発揮されていました。**住民40人が有志で「見守り隊」を結成し、お年寄りの自宅を訪ねて安否を確認していた**のです。

私も仕事に出かけた後、ひとりで留守番をする母親が心配で、誰かに母の様子を見てほしかったです。

見知らぬヘルパーにカギを渡すことはできませんでしたが、ご近所の顔見知りの人ならば、カギを預けることができたと思います。でも、我が家の場合は隣に誰が住んでいるのかわからないほど、居室同士が孤立していました。

「ご近所の力で母は本当に助かりました」

取材のときにそう話してくれたのは、ある女優さんでした。

その女優さんは16歳のときに歌手デビュー。その後、歌手、バラエティー、ドラマなど多方面で活躍。超過密スケジュールの中、25歳で父親が他界し、病弱な母親の面倒をひとりで看てきたそうです。

母親は糖尿病が悪化して、さまざまな病を抱えていました。糖尿病性腎症、白内障、リウマチ性関節炎、心因性反応、視力・聴力極度低下、右大腿骨骨折、左足膝人工関節、左顎下腺腫瘍摘出……。ちょうど50歳の年齢を境に坂道を転がり落ちるように、体調を悪化させたのです。

まだ介護保険制度が導入されて間もない頃。ヘルパーが派遣されてもうまくいかないことが多く、結局介護サービスを一切利用せず、その女優さんは２００２年に母親を看取るまで、ご近所の手を借りながら切り抜けました。

仕事も不規則、舞台で長期間、家を空けたときは、体が不自由な母親を気遣って、近所の方がパートの行き帰りに自宅に寄って食材を届けてくれたり、ちょっとした身の回りのお世話もしてくれたそうです。母親は庭いじりが得意で、元気なうちはご近所のお庭で花の手入れをしたり、いただきものを多くもらったらお隣さんにも配ったり、日々いい関係を築いていたのです。

都会では近所付き合いも希薄になってしまい、要介護者とその家族が孤立してしまうこともあります。ＳＯＳを発信したくてもできない、そんな状況にならないために、私も近所の人と顔を合わせたら挨拶は欠かさずし、庭いじりは不得意なので敷地内の「ゴミ拾い」から始めてみました。

「冬ソナ」テーマソングで音楽療法

音楽を聴いてリラックスするだけでなく、治療にまで発展させた**「音楽療法」が、介護や医療の現場に取り入れられてきました。**

高齢者の方が楽器を鳴らしたり、歌を歌うと、個人差にもよりますが、呼吸運動を円滑にしたり、麻痺や拘縮《こうしゅく》した手を動かせるようになるそうです。ストレス解消のみならず、認知症の改善や運動機能の向上、意欲の向上など身体・精神面の両方に効果が認められています。

音楽を聴くことで、当時をなつかしく思ったり、忘れかけていた記憶がよみがえる経験は、誰にでもあるのではないでしょうか。それが頭の体操にもなるようです。

母も病に伏してからカセットテープで音楽を聴くようになりましたが、やはり好みの音楽があるようで、クラシック音楽にはあまり興味を示しませんでした。私の趣味は韓流で、よくK-POPを聴きます。その影響か、母も韓流が心の支えになっているようです。ドラマ『冬のソナタ』のサントラ盤や、主題歌を歌ったRyu《リユウ》さんの童謡のカバーアルバム『おと

ぐすり』が気に入り、

「Ｒｙｕさんの歌声を聴くと、肋間神経痛の痛みが和らぐ」

と、カセットテープがすり切れてしまうほど繰り返し聴いていました。

そのテープのおかげで、母はショートステイした施設で童謡を歌ったときに、「ふるさと」をフルコースで歌えたとうれしそうに語っていました。その後、「この歌は小学校のときによく歌った」などと、〝歌〟をテーマに会話も弾んだそうです。

また、童謡を歌ったことがきっかけで、母はお友だちを作ることができました。「なんで、そんなに童謡の歌を今でも覚えているの？」と、あるおばあさんに不思議がられたとき、「冬ソナ」の主題歌を歌ったＲｙｕさんの童謡のカバーアルバムを聴いていたからと説明をしたそうです。そのおばあさんは、氷川きよしさんとジャニーズのアイドルグループ「嵐」の大ファンで、その後、氷川さんの歌を一緒に聴いたり、「嵐」のメンバーが掲載されているグラビア誌を見せてもらったりするようになり、すっかり意気投合したと喜んでいました。

「昨日の歌謡コンサート見た？」

「今日は、この歌番組に出るのよ」

そんな他愛のない会話が施設でできるようになったことは、他者と打ち解けることが苦手な母にとっては大きな前進でした。

そのおばあさんは容態が急変し、残念なことに亡くなってしまいましたが、しばらくして娘さんが母の部屋にきて、

「音楽の話でだいぶ盛り上がったことを、母がいつも楽しそうに話していました」

とお礼にきてくださったそうです。

その話を母から聞いて、音楽の持つ力の偉大さを実感しました。

母は音楽の話をするとおだやかになるので、施設へ面会に行ったときは音楽の話をして、楽しいひとときを過ごせるように心がけています。

施設ではさまざまな音楽が、お年寄りたちを和ませてくれています。

ある男性はハーモニカを吹くのが上手で、ソファーに座っては、「赤とんぼ」や、小学生の頃に習った歌をよく吹いて、お年寄りたちの会話を誘っています。

一番効果的なのは、近所の幼稚園児たちが交流にきたとき。お遊戯をしながら歌うと、「かわいいー」と、お年寄りたちの顔も自然とほころびます。

「笑い」を取り戻す

仕事で出会った精神科医の渡辺俊之先生に教えていただいた気分転換のひとつが、「ハッ

ピーノート活用法」でした。

渡辺先生はご自身も母親の介護を長らく経験され、介護家族のカウンセリングも行っています。カウンセリングに訪れた方に必ずお勧めしているそうです。

まずは1冊のノートを用意して、**ページの左半分に介護をして良かったこと、右半分に日々の生活でうれしかったことを書く**だけ。うれしかったことをあえて書き留めるうちに、ちょっとした出来事でもうれしく思えてくる、心の変化やゆとりが生まれてくるのだそうです。

「最初のうちはムリに探そうとしなくてもかまわないので、なるべく毎日続けてください」

と、先生は話してくれました。

あるテレビ番組の企画で、介護をしている女性たちに「ハッピーノート」をつけてもらったところ、書き始めて1週間ほどで不安や落ち込みなどマイナス気分の感情が改善したそうです。**「ハッピーノート」はマイナス思考をプラスに変える**ことができるのです。

さっそく、母に試してもらいました。

最初は「なんで自分ばかりこんな目に遭うんだ」という内容ばかりを綴っていましたが、次第にヘルパーさんたちの気遣いや、近所の幼稚園児が遊びにきたときの様子などが書かれるようになり、少しずつ楽しい内容に変わってきました。

私はマイナス思考な人間なので、腹立たしい出来事は覚えているのですが、うれしかったことは思い出そうとしても思い出せないのです。介護を始めた頃は悲観的な考えでいっぱいで、母と同様、真っ先に浮かんだのは、「なんで自分ばかりこんな目に遭うんだ」でした。それでも心療内科で処方された薬を服用して眠れるようになってから、少しずつ前向きに物事をとらえられるようになりました。

たとえば、満員電車で席に座れたら「今日はツイている」。取材でいい話を聞けたら「今日もいい仕事ができた」。ぐっすり眠ることができたら「今日はよく眠れた」……。些細なことばかりですが、身の回りの「いいこと」を見つけています。

女優の小山明子さんは、映画監督の大島渚さんの介護を続けて2013年に看取りました。『パパはマイナス50点』（2005年、集英社）には、ご自身が介護うつになった体験を告白し、介護のコツとして、つらいときこそユーモアで乗りきることを推奨しています。たとえば、大島監督が、

「もう生きていてもしょうがない、死んだほうがましだ」

と言ったとき、小山さんはその言葉で精神的に不安定になってしまったそうです。不安定になった妻に夫が反応して、

「死にたい、殺してくれっ」

を連発するようになりました。そこで、あるときから、

「死んだら好きなビールも飲めないわよ」

とユーモア交じりの言葉で返すと、興奮していた夫が冷静になったと言います。

私はまだ、日々精一杯でユーモアで乗りきるほどの余裕はありません。

でも、母の言葉に過剰に反応して、一緒になって興奮すると、母もさらに興奮してくる。口論した後に何度も「もっと冷静にならなくてはいけない」と自分に言い聞かせました。

「ハッピーノート」は、客観的に自分を見つめ直して、冷静さを取り戻す作用もあります。

そして、マイナス思考がプラス思考に変わってくると、自然と「笑い」も取り戻せます。

介護を始めたときは心の底から笑えませんでしたが、**少しずつ前向きに物事をとらえられるようになってからは、私自身「笑う」場面が多くなりました。**

現在では、医療や福祉の現場でも「笑い」が取り入れられるようになりました。

施設によっては、漫才や落語の会も催されていて、聞いた前後で検査をしてみると、笑った人ほど、検査結果も良いという報告があるそうです。**「腹を抱えて笑う」と自然と腹式呼吸ができ、腹式呼吸をすると、酸素が脳に行きわたる。大きな声で笑うことは脳の活性化につながります。**

心から笑えないときは、「作り笑い」でもいいそうです。まずは、「笑顔を作ること」が大

事なのです。

「笑う門に福来たる」

この言葉を信じて、つまらない、おもしろくないと思ったときこそ、「作り笑い」をしようと思いました。

おひとりさまの息抜き術

週末の仕事帰りには、女性専用のサウナに立ち寄り、アカスリ、マッサージで一週間の疲れを癒し、締めくくりは韓国料理とビールでのどを潤す……。これが、両親が健在のときの私の「息抜き」でした。

では、介護を始めてからの私の「息抜き」とは……。

しばらくは「息抜き」どころか、仕事をするだけで精一杯でした。でも、介護は体も心も疲れ果てさせます。意識して「息抜き」する時間をつくって、自分を労ってください。

私は介護のことで頭がいっぱいだった頃、とにかく介護から離れたいという一心で、無理やり出かけて、かえって疲れてしまったこともありました。友人と大笑いをすることは、気分を一掃させる有効な手段ですが、それすらもできないときがあるものです。

介護を始めた当初は、時間があればよく歩いていました。いつも降りる駅よりも一駅前で降りて歩いていました。改まって公園などに行くことはなかったのですが、沿道に咲く花を眺めながら、そこで季節を感じとっていたものです。気のせいか、いくら歩いても疲れませんでした。

あれもこれも詰め込みすぎると、余計に疲れます。私の場合、人とたくさん話しをすると疲れる性格なので、疲れたときは、会食などは極力控えるようにしています。

「家にいたくないけれども疲れた」というときは、近所の公園まで散歩をする、スーパー銭湯に行ってリフレッシュするなど、体に負担をかけないほうがリラックスできるのです。また、フィットネスクラブに通い続けているので、筋トレや30分程度の有酸素運動をして、ちょっとした気分転換をはかっています。

介護者の会というのは、悩みを共有できて、心強くなれることがあります。しかし、親の介護で精一杯のときは、介護者の会でおしゃべりをするのも苦痛に感じるときがあります。自分のことで心がいっぱいいっぱいなので、人の意見に耳を傾ける余裕がないのです。そのようなときは、あえてシャットダウンしたほうがいいのかもしれません。

「今日は疲れているかも」と思ったら、撮りためたドラマを一気見する、本を読むなどひとりで過ごす時間を設けることをお勧めします。まず休む、ちょっと体が休まったら、動き始めるというのがいいのかもしれません。

もう一つ大事なのは、ＳＮＳが日常的になりスマホが手放せなくなったら要注意。自分の生活とは関係のない、芸能人のトラブルなどささいなニュースで一喜一憂するようになると心が乱れてきます。

ＳＮＳやスマホのニュースは介護の情報を得るのと、ケアマネジャーやヘルパーとの連携には欠かせないツールになりましたが、介護中はデジタルデトックスをすることも大切だと思います。

◆ごほうびもうまくいかないときがある

介護者の会で知り合った、田中町子さん（仮名・60代）は、認知症を患うご主人（60代）の介護をしています。まだ「要介護2」で見た目こそは、同世代の男性と変わりはありませんが、散歩に出かけた途中で帰り道がわからなくなったりするなど、生活に支障が出始めてきたといいます。

町子さんは社交的な方で、サークル活動なども欠かさず参加するそうですが、「おしゃれをして外出すると近所の人から、『ご主人を置いていいわね』と冷やかされます。私は自分へのごほうびのつもりなのに、周囲は何もわかってくれない……」

と、こぼしていました。

〝自分へのごほうび〟で夏休みに海外旅行に出かけた山中洋子さん（仮名・36歳）は、

「旅先まで母が携帯に連絡をしてくるので、休んだ気がしませんでした」

と、ぐったりしていました。

母親は脳梗塞で倒れてから言語障害になり、リハビリの最中。ほかにきょうだいはいるのに、娘の洋子さんを頼って、毎日電話がかかってくるそうです。洋子さんの声を1日に1度聞けば母親は落ち着くそうで、仕事の合間に電話で話す時間を見つけています。

「息抜きしたいと思っても、介護のまっ最中は難しいですね」

と、洋子さんはため息をついていました。

自分自身の健康管理

自宅で介護を行う家族の悩みに「自分自身の健康不安」があると思います。

私も母が倒れた後は、1カ月で3キロほど体重が減り、「まさにケガの功名だ」と、ほくそ笑んでいたのですが、アルコールの摂取量が増えるとともに、体重も比例して増えていきました。

夜、韓国の焼酎「チャミスル」をお猪口でグイッと飲みながら、スナック菓子をつまみに食していたのが間違いのもとでした。いけないとわかっていても、お酒が止まらなければスナック菓子も止まらない。生涯で最も体重が増えてしまい、さすがにこのままではいけないと改め、食事は野菜中心、夜の間食は止めました。

私には持病の「腰痛」があります。

母を車椅子に乗せる際、後ろから両脇を抱えたとき、背中に激痛が走ったことがありました。後日、整形外科で診察してもらったところ、「椎間板がすり減っています。湿布を患部に貼り、コルセットで締めれば大丈夫ですが、悪化して『椎間板ヘルニア』になったら手術が必要です。今のうちに腹筋と背筋を鍛えて猫背の姿勢を正さないと、中年になってから大変なことになりますよ」と、厳しい忠告を受けました。

「足腰の骨や筋肉が弱って、将来介護が必要になる運動器の障害を抱えている人は、50歳代以上で8割を超える」という東京大学の調査結果があります。調査によれば、介護が必要になる運動器の障害は、関節の軟骨がすり減って痛む「変形性ひざ関節症」、腰の骨同士がぶつかる「変形性腰椎《ようつい》症」、骨粗鬆症が代表的だそうです。

いずれも**加齢とともに訪れる筋力の低下、カルシウム不足が原因**です。**スクワットや片足立ちなどの〝筋トレ〟こそが腰痛防止法**なのです。

また、私は飲みすぎによる胃腸の不調、肩こりからくる頭痛に悩まされています。

体に現れるストレスは、専門用語で「心身症」と呼ばれるそうです。

心身症には、本態性《ほんたいせい》高血圧症、心因性の不整脈、狭心症、気管支喘息、消化性潰瘍、潰瘍性大腸炎、摂食障害、胆のう症、偏頭痛、筋緊張性頭痛、脳血管障害、慢性関節リウマチ、甲状腺機能亢進《こうしん》症、糖尿病、更年期障害……と、あらゆる症状が含まれてきます。

介護者の健康はどうしても二の次になってしまいがちです。そのため、体調不良を訴えたときには、症状が悪化しているケースが多いのです。

16年間、両親を介護して看取った経験を持つ、ジャーナリストのおちとよこさんも、出張先で倒れたことがありました。『一人でもだいじょうぶ　親の介護から看取りまで』（2009年、日本評論社）には、その顛末が書かれています。

ある日、朝から耳の後ろが痛く、新幹線に乗っているうちに首も思うように動かせなくなったそうです。痛みをこらえて取材をすませ、ホテルに戻ったときにはつばを飲み込むのも死ぬ思い。激痛に耐え、朝一番で自宅のある新横浜駅まで戻り、タクシーで病院に直行。即入院。抗生剤の点滴が効き、2週間程度で退院できましたが、原因は不明。「極度の疲労による抵抗力の低下と風邪の菌が耳の後ろに入り込んで炎症を起こしたのではないか」というのが医師からの説明でした。

原因がわからない場合、何かと「ストレス」ですまされてしまうことがあります。しかし、**「ストレス」の裏に重大な疾病が隠れていることもある**のです。

私は忙しいときでも、健康診断だけは必ず毎年受診しています。30代後半からは、乳がんと子宮がんなどの婦人科検診を一年おきに受けています。1年に1度、自治体の「成人歯科検診」も受け、歯の状態もチェックしています。

私は一家の大黒柱なので、万が一大病したら、母の施設の入居費用が捻出できなくなります。そのためにも、体調管理は怠らないようにしなければと心がけています。

◆介護予防を考える

『高齢社会白書』(令和2年版)によると、2019年時点で日本の65歳以上の高齢者は、3589万人で人口の28・4%となりました。高齢化率(65歳以上の高齢者が総人口に占める割合)は上昇を続け、2036年には33・3%に達し、国民の3人に1人が65歳以上の高齢者となるのです。

アラフォー世代は介護が必要となっても、介護をしてくれる人はいないかもしれません。

いつまでも介護いらずで過ごすには、高齢期に入ってからの予防が大切です。

自分自身や親の健康に不安を感じたら「介護予防サービス」を利用しましょう。

介護予防サービスが受けられるのは、要介護認定で「要支援１」「要支援２」の人ですが、非該当の人でも受けられるサービスがあります。

介護予防サービスとは、要介護状態になることをできる限り遅らせ、たとえ要介護状態でも、悪化しないようにすることを目的としており、①理学療法士や健康運動指導士などの指導によるストレッチや筋力トレーニングなどの「運動器の機能向上」、②管理栄養士などによる食生活についての指導などの「栄養改善」、③歯科衛生士などによる義歯の手入れ方法の指導や摂食・嚥下機能を向上させる訓練などの「口腔ケア」といったサービスがあります。地域包括支援センターにケアプランを作成してもらい、必要なサービスを受けることができます。

体力が落ちたり、身の回りのことをするのに時間がかかるようになったりすると、年のせいだから仕方がないと思い、放っておくと体力はさらに落ち、生活機能は低下してしまいます。しかし、**ちょっとした工夫によって、自分でできることの範囲を広**

げられるのです。

まだ親の介護を必要としていないおひとりさまは、親の体力が大丈夫かどうか、ぜひチェックしてみてください。

もし、不安を感じたら、地域包括支援センターに相談してみましょう。

姉との役割分担

私と姉は、介護について何の取り決めもしていませんでした。

でも、母が最初の病院を退院して自宅で介護が始まったとき、姉は毎日、夕方になるとうちにきて、夕食を作ってくれました。朝食と昼食は私が作り置きして、夕食は姉が作る。再入院するまではそうして乗り切りました。

2度目の病院を退院してからは、ショートステイも利用できたので、姉が家にくることはなくなりました。

母が入所する際には、姉が費用の一部を援助してくれました。甥っ子は母を訪ねてくれるようになりました。やはり老親にとって一番の薬は「孫の顔」です。孫の顔を見ると母はいつもご機嫌でした。イヤなことはすべて忘れてしまうのだそうです。母が倒れてから、姉と

親の状態を知るチェックリスト

「年だから……」といって、親の心身の機能が低下したことを仕方がないと思っていませんか。日常生活のちょっとした工夫で、過度の老化を防ぐことができます。下記のチェックリストでグレーの欄にチェックが多いのならば、介護予防サービスの利用を考えましょう。要介護認定で非該当でも、介護予防サービスは利用できますので、地域包括支援センターに相談しましょう。

バスや電車を使ってひとりで外出していますか	はい	いいえ
日用品の買い物をしていますか	はい	いいえ
預貯金の出し入れをしていますか	はい	いいえ
家族や友人の相談にのっていますか	はい	いいえ
階段を手すりや壁をつたわらずに昇っていますか	はい	いいえ
椅子に座った状態から何もつかまらずに立ち上がっていますか	はい	いいえ
15分くらい続けて歩けますか	はい	いいえ
この1年間に転んだことはありますか	はい	いいえ
転倒に対する不安は大きいですか	はい	いいえ
6カ月間で2～3kgの体重減少がありましたか	はい	いいえ
お茶や汁物などでむせることがありますか	はい	いいえ
週に1度は外出していますか	はい	いいえ
昨年と比べて外出の回数が減っていますか	はい	いいえ
「いつも同じことを聞く」などの物忘れがあると感じますか	はい	いいえ
自分で電話番号を調べて電話をかけることをしていますか	はい	いいえ
今日が何月何日だかわからないときがありますか	はい	いいえ
（ここ2週間）ふさぎこんでいるようですか	はい	いいえ

『介護予防マニュアル概要版』（厚生労働省）を参考に作成

私、そして甥っ子、それぞれが役割分担をして、母を支えてきました。

まだ親の介護が始まっていなければ、お盆やお正月など家族が集まるとき、きょうだいと「親が倒れたときどうする」といったことを話し合っておくと、もしものときに連携できます。私の場合、なんでも自分でやったほうが早いと思ってしまい、その後、ひとりで抱え込んでしまいました。そうなると、トンネルから抜け出せなくなることもあります。

いきなり、どんな介護を受けたいのか親に尋ねても「まだわからない」「あなたに任せる」と、まともな返事は返ってこないかもしれません。そんなときは、親せきや親しい友人の近況を聞いてみることをお勧めします。「そういえば仲良しの◯◯さんは元気？」「じつはこの間、入院してね、それから介護が必要になって……」という会話ができてきたら、具体的に話しを進めるチャンスです。介護の先の看取りの希望まで、無理のない範囲で希望を聞いておきましょう。

親は、すでに結婚して家族がいるきょうだいには、遠慮して物は言わない傾向があるようです。入退院やケアプランの設定などは、おひとりさまの子どもに負担がかかってしまいがちですが、ひとりで抱えないで「お母さんがこう言っていたけどどうしよう？」などと、遠慮なく役割分担の相談をすることです。たとえば、「重い病気にかかって手術をする、しない」といった命にかかわる治療方針を医師から聞かされたとしても、ひとりで決断をしないで、きょうだいの意見を聞いてから決断するとプレッシャーから解放されます。

◆「話す」というワザが求められる

東京都在住の山中裕子さん（仮名・60代）は、15年ほど前から、脳梗塞で倒れて半身麻痺になった母親の介護に専念しています。

施設に入ってから週に2回ほど、母親のもとに通って、午後から夕方まで話をしたり、ゆっくりとした時間を過ごしているそうです。

「母の世話で疲れたことは1度もないんです。でも、弟がまったく母のところにこないので、そのことが頭にきてしまい、どうしようもないんです」

母親が倒れたとき、山中さんが弟に代わって面倒を看るようになったのは、山中さんが独身で実家にいたから、自然のなりゆきだったそうです。

山中さんは弟に、せめて1カ月に1度でもいいから、顔だけでも見せてあげてほしいと頼んだら、

「所帯持ちの大変さは、姉さんにはわからない」

と、逆ギレしたというのです。

山中さんの弟は、50代の働き盛り、高校生と大学生の子供もいて、学費や住宅ローンなど人生の中で一番、出費がかさむ時期でした。「仕事が忙しい、休日は家の用があって時間がない」と言い訳していることに対して、かなり立腹していました。

「15年、私ひとりが母の世話をしているので、『姉さんいつもありがとう』のひと言があってもいいと思うのですが、私の顔を見ると言い訳ばかり。忙しい時期はお互い様だと思っていますが、『労をねぎらう言葉もかけられないのか』と、つい腹が立って言ってしまいました」

怒りの矛先はお嫁さんにも向かい、

「長男の嫁なのに、子供のことが忙しいって言い訳ばかりして何もやらないのよ」

と、怒り心頭の様子でした。

どの介護家族を見ても、母親が息子よりも娘を頼りにしてしまう傾向があるようです。

また、老親のことにはまるで関心を示さなかったきょうだいが急に口を出す、そんな困ったことも起こっています。

臨床医の世界に「ぽっと出症候群」という揶揄《やゆ》があるそうです。

たとえば子供のひとりが長らく世話をしてきた老親ががんとわかった。医師もその子供に十分説明して、事情は相互理解に達している。老親本人も事情をうすうす感づいて、痛みだけを取り除いてもらって、安らかに過ごそうとしている。そこに遠方に赴任していた別のきょうだいが病院にひょっこりやってきて、

「こんな立派な設備があり、集中治療もできるのに、なぜうちの親は見る影もなくやせ衰えているんだ。このまま死を待つしかないのか」

と文句をつけるのです。

仕方なく栄養補給など余計な治療をすると、本人にとって苦しいばかりなのに、文句をつけた家族だけが満足する……。

この「ぽっと出症候群」は、医療の現場だけでなく、介護の現場でもよくあるそうです。

うまくいっている家族といっていない家族との差は何でしょうか。

太田差恵子著『故郷の親が老いたとき　46の遠距離介護ストーリー』（2007年、中央法規出版）には、こんなヒントが託されていました。

「うまくいっている人は、自分にできることはするが、きょうだいに対して『これをやって』と強いることはない」

「親の介護の前に何らかの溝があるのは仕方がないことで、それを埋めるにはしっか

り話し合うしかない。主となって介護を行う司令塔はどちらが担うのかを決めるとともに、協力態勢を築くこと」

と書かれています。

話し合いをしても解決しないこともあるかもしれません。そんなときでもナーバスにならないで、ひたすら話し続けることも介護をする上では重要な「ワザ」かもしれません。

第五章

おひとりさまの不安が消えるとき

介護と仕事を両立させる方法

育児休業と同じように、介護にも休業制度があります。制度をうまく利用する方法も仕事をする上で欠かせません。

介護休業や介護休暇は法律で認められた権利ですので、会社の就業規則に記載がなくても取得できます。取得してから解雇されるなどの不利益な扱いをされることはありません。

平均的な介護期間は45カ月程度といわれています。しかし、育児・介護休業法で規定している「介護休業」の期間は93日なので、「看取るまで介護できないから意味がない」と思う人も多いのですが、それも勘違いです。

介護休業制度は、介護が必要になり、介護の体制を整えて職場復帰するまでの準備期間を想定しています。介護施設の見学やケアマネジャーとの打ち合わせ、兄弟姉妹、親戚など、さまざまな人たちと連携を取るための打ち合わせが必要になります。介護に専念するための準備期間として利用しましょう。

■介護休業

介護休業は要介護状態にある家族を介護するために、労働者（日々雇用を除く）が休業する場合、家族1人につき通算93日まで取得できます。2017年からは3回まで分割して取得できるようになりました。対象となる家族は配偶者（事実婚を含む）、父母（配偶者の父母も含む）、子、祖父母、兄弟姉妹、孫です。同居や扶養は問われません。「要介護状態」とは、2週間以上「常時介護」する状態をいいます。「常時介護」は要介護2以上、それ以外の人でも厚生労働省の「判断基準」に該当すればあてはまります。

一定の条件を満たすと、介護休業終了後、雇用保険から「介護休業給付金」が支給されます（休業開始時の賃金日数×支給日数×67％相当）。ただし、休業中も社会保険料や住民税の支払い義務は生じます。

「会社に相談したら介護休業制度はないから退職するようにと言われた」「要介護2以上ではないので制度を利用させてもらえなかった」というトラブルをよく聞きます。そういうときは都道府県労働局雇用環境・均等部（室）に相談してみましょう。

・雇用環境・均等部（室）所在地一覧（https://www.mhlw.go.jp/content/000177581.pdf）

■介護休暇

介護休暇は対象家族1人につき、年に5日まで（介護、世話をする対象家族が2人以上の場合は10日まで）、介護休業や有給休暇とは別に休暇を取得できます。２０１７年からは半年単位での取得が可能になりました。有給か無給かは会社によります。

■短時間勤務等

事業主は、次の対策を講じることが義務づけられています。

① 所定外労働の制限（残業免除）

申請すると対象家族１人について、介護の必要がなくなるまで残業が免除されます。

② 深夜業の制限

申請すると午後10時から午前5時までの深夜労働が免除されます。

③ 所定労働時間の短縮措置等

会社は所定労働時間（勤務時間）の短縮、フレックスタイム制度、始業・終業時刻の繰り上げ・繰り下げ、労働者が利用する介護サービス費用の助成、そのほかこれに準ずる制度のいずれかの措置を取ることが義務付けられています。従業員は、介護休業とは別に、利用開始から3年の間で2回以上の利用が可能です。

私は母が倒れた後、人工呼吸器が外されるまで2週間ほど休暇を取りました。その後は病院へ着替えを持っていったり、要介護認定を受けるための手続きなどがありましたが、丸々一日、会社を休まなくてもすみました。自宅で介護をしていた期間も、朝と昼の食事を作り、夕方、食材を近くのスーパーに買いに立ち寄り、帰宅するスケジュールでした。

私は週刊誌の記者という特殊な職業なので、1週間のうち、最も立て込むのは週末の締め切り。金曜から土曜の夕方までは職場に缶詰状態ですが、そのほかのスケジュールは自分で組めるメリットがあります。だから、週の半ばまでは早目に帰宅できましたし、仕事の合間に役所に行き、必要な手続きもできたので、振り返ってみると、とても幸運でした。

家族が急に倒れたときのために、休暇制度が整ったのは一歩前進です。ただ、休業しなくても、介護が落ち着くまでは、フレックスタイムや就業時間を短縮して、少し早目に帰宅できるほうが、金銭的には効率的かもしれません。

制度を上手に使う

短時間正社員制度とは、フルタイムで働く正社員より1週間の所定労働時間が短い正社員のことをいい、1日5時間を週5日、1日8時間を週4日などの勤務形態があります。

この制度は、その人の事情によって、①育児や介護のため一時的に短時間正社員として働き、一段落したらフルタイムに戻る、②恒常的に短時間正社員として働く、③正社員ではない従業員が正社員になって所定労働時間は短いけれども処遇は正社員と同等になれる、という3つの活用方法があります。

家族の介護を行う場合は短時間正社員になった後、フルタイムに戻る人が多いです。時短の最中は、賞与や給与の一部がカットされるなど導入した企業によって差はありますが、社会保障や福利厚生は正社員と同等に受けられるメリットがあります。

制度が整っていても、取得しづらい状況が、まだ日本の社会にはあります。

職場には、育児休暇や介護休暇に理解を示してくれない人もいるでしょう。理解のない上司がいると、会社に制度が導入されていても取得せずに、やむなく退職した人も少なくないでしょう。

仙台市職員労働組合がパワーハラスメント（職権による人権侵害）についてアンケートをしたところ、「パワハラを受けた」とする職員が回答者の1割強に上りました（2009年4月18日読売新聞より）。なかには、「親の介護をするなら辞めろ」と言われた例もあるそうです。

休業や短時間正社員制度を利用しようとしたときに、会社から退職を強要された場合は、労働基準監督署に訴えることができます。

制度が職場にあれば使い、できるだけ仕事を続けたほうがいいというのは私の意見です。それは、親の介護のために正社員を辞めたはいいが、生活がたちまち苦しくなったという声をよく聞くからです。

退職を決断せざるを得ない……

最近、同世代の仕事仲間と飲むと、決まって話題に上るのは、同業者の退職話です。30代前半の頃は、「誰が結婚した」といった話題が中心でしたが、年を経るにつれて「誰が離婚した」、そして「誰が退職した」に変わってきました。

先日もあるメディアで働いていた女性が退職したと聞きました。将来有望視されていましたが、介護が必要というわけではないものの、母親から「帰ってきてほしい」と懇願されて故郷へ戻ったそうです。

働くアラフォー独身女性の間で、即介護に迫られているわけではなくとも、老親を見守るために退職する。あるいは正社員から比較的時間を有効に使えるパートやアルバイトなど非正規に職をかえるケースが増えてきました。**多くのおひとりさま女性は、親の年金があるため介護を優先させ、退職してパートタイムに移る人も少なくない**のです。

パートタイムに移行した女性たちは残業から解放されて時間の融通は利くようになったけれども、年収は半分、あるいは半分以下。**親の年金で今の生活は維持できていても、親亡き後の明るい未来は想像できない**でしょう。

しかも今の時代、1度「正社員」を手放してしまったら、「正社員」に復帰するのはとても難しい……。

親が他界してから、自分はどうやって生きていったらいいのか。介護をしながら漫然とした不安に付きまとわれているのが現代の「おひとりさま」なのです。

私は生活費を捻出しなければならなかったので、退職の選択肢はありませんでした。母が倒れたときは2週間程度休暇を取りましたが、その後は病院から急な呼び出しもなく、仕事に穴を開けずにすんだので、仕事との両立は比較的うまくいったほうかもしれません。

◆迷惑をかけるなら退職を選ぶ

鈴木友子さん（仮名・49歳）は、79歳の父親と77歳の母親がおり、両親ともに「要支援1」。まだ付きっきりで世話をしなければならないという状態ではありませんでしたが、2人とも衰えが目立ってきたことから2年前に退職しました。

友子さんは深いため息をつきながら、話してくれました。

「冷静になって考えてみれば、自分の老後も考えなければならないので、あせって退職して後悔しています。あらゆる制度を利用したり、会社と交渉して仕事を軽くしてもらっても、正社員でいればよかった……」

友子さんは団体職員（正社員）として10年以上働いていました。ベテランになるにつれて仕事量が増え、朝は9時に職場に行き、帰るのは連日のように終電。

友子さんの父親には認知症のような症状が数年前から出始め、日常会話の中で、質問をされて言葉が詰まったり、今までのように返事ができなくなると、もどかしいのか「うるさい！」と言って怒鳴るようになったのです。おだやかだった父親の変化にとまどった母親は、父親の世話を続けるうちに、「今日はお父さんにこんなことを言われた……」と、友子さんに愚痴をこぼすようになったのです。

友子さんは深夜に帰宅してから母親の愚痴を聞く毎日でした。そして、友子さん自身が疲れてしまったのです。

職場には、育児や介護の休業制度は整っていましたが、付きっきりで親を介護しなければならないという状態ではなかったので、取得要件には該当していませんでした。友子さんには男のきょうだいがいましたが、母親が頼ってくるのはいつも独身の娘である友子さんでした。

「もし、職場の残業が深夜に及ばなかったら続けられたと思います。ただ自分だけ家のことで帰ることが許されるような職場環境でもなかったので、仕方がなかったのかもしれません」

親の介護のために休職できたとしても、人員の補給がないため、「周囲の人に迷惑をかけるのだったら辞めたほうがいいのかもしれない」と退職をしてしまうケースが多いのです。

介護は社会全体でみるべきだと、国は介護保険制度を施行しました。保険でサービスを利用することによって家族の負担は軽減するはずでしたが、負担を減らすどころ

か、仕事を辞めざるを得ない状況は今でも続いています。

子育てと違って介護はまだ職場の間でも、オープンな話題にはなっていません。でも老親の面倒を看ている人は意外と身近に多くいるものです。

あえて目標は立てない

２００９年夏、40歳の大台に乗りました。年を重ねることには抵抗はないのですが、何が一番ショックだったかというと、「ねんきん定期便」が送られてきて、自分が65歳になったとき、もらえる額があまりにも低かったこと。額を見て、思わず絶句してしまいました。

30代までは自分のやりたい仕事をいかに実現させるか。そのことだけを考えてきましたが、あらためて「ライフプラン」、老後を考えなければならないと痛感しました。

30代半ばになったとき、40歳までにこういう自分になっていたいと、経済関係の資格取得のスケジュールを立てて、ステップアップを目指していました。教育訓練給付制度を利用して、資格の学校に通い、試験に備えていました。ところが、父と母が相次いで倒れて、結局、勉強も中途半端。何度試験を受けても、惨敗に終わっていました。

２００８年の年末、介護でめいっぱい時間に追われているとき、「自分はこのままで大丈夫なのか？」と強迫観念にかられ、今後の人生をじっくり考えたことがありました。

ちょうど経済危機の起こった後。大手新聞社に勤めているとはいえ、私もいつ自分の身の上に何が起こるかわからないと危機感を抱いたのです。私ひとりであれば、アルバイトぐらいの収入でなんとか食いつないでいけるのですが、母が入居している施設の費用代も捻出しなければなりません。そこで、中途半端になっていた資格の勉強をもう1度始めようと思いついたのです。資格を持っていれば、その資格で年齢を問わず再就職できるからです。

ただ焦ってもいい結果は生まれません。私は週末にかけて仕事が立て込むので、週末に勉強するというわけにもいかないのです。「いつまで」という目標はあえて立てないで、介護の混乱が収まるまでは、参考書を1日1項目読む程度にしました。

でも……。家に帰ってからは疲れてしまって、結局参考書を開くことはありませんでした。韓流ドラマのＤＶＤを見たり、ＣＤを聴いてしまったり……。息抜きをしてしまうことも多いのですが、これもよしとしています。

しかし、親の介護の後は自分の長い老後が待っています。２０１３年の厚生労働省の調査では、介護離職後、約70％の人が経済面で負担が増したと答えています。介護離職してしまうと、〝介護破産〟の入り口にきてしまうのです。将来的に公的年金だけでは生活が成り立たない貧乏ばあさんにならないために、少しでも長く働き続け、年金や貯金を増やしておくことは大切です。目標はたてると、達成できないときにますます凹みますが、不安なことはノートに書き出し、心配の種を減らしていくことに目を向けて行きたいです。

◆再就職先の見つけ方

母親の介護を続けながら、ヘルパーの資格取得を目指している人もいます。

田所奈美さん（仮名・40代）は会社員時代、雇用保険に加入していたおかげで退職後に公共職業訓練校に入学し、コースの終了とともにヘルパーの資格を取得する計画を立てました。福祉施設は3K職場と言われているためか、人手不足のために慢性的に職員を募集しています。

「母が無事にどこかの施設に入所できたら、正規雇用で働きたいですが、しばらくは時間の自由がきく、非正規雇用でもいいんです」

と、語っていました。

学校に通っているあいだ母親はデイサービスに出かけているそうです。

話をうかがった当時は、親の年金と田所さんの失業保険が生活費になっていたのですが、「正社員」への道筋が見えてくれれば、生活や人生のプランも立てられるし、そんなに不安はないと語っていました。

「介護は長いトンネルの中にいるよう」と、よく形容されますが、田所さんのように会社員時代の制度をうまく利用して、トンネルの中から「光」を見つけ出す、そんな方法もあったのだと感心しました。

２００９年5月頃、再就職に関する記事を書きました。その際、アドバイザーの方々に、「どうやって就職先を見つけたらいいのか」と質問しました。

正社員は難しい。そこで、大手のパート専門の派遣会社に登録して、経験とスキルを積む方法が一番の近道、であることを知りました。

アルバイトの面接に行ったときに、介護が必要な家庭の事情を打ち明けていいものかどうか迷う人は少なくないでしょう。

しかし、パート専門の派遣会社であれば、話がしやすいです。事情を理解した上で「適材適所」を見つけてくれます。「介護をしているので働く時間が限られているのですが」と相談をしてみて、その派遣会社が、「うちの会社にはそのような方も登録されているので大丈夫ですよ」という返事であれば、登録しても安心できるでしょう。

すぐに職は見つからないかもしれません。しかし、面接は精神的にとても負担がかかる行為です。介護で疲れているからこそ、余計な負担はかけたくないものです。

必ず、その人に見合った解決策は見つかるものなので、仕事ができない時期でもあせらないでもらいたいと思っています。

「がんばらなければ誰がやる」の意味

私は**介護の方法、介護者に関する情報は主にインターネットから入手**しました。電話は受付時間が限られている上、「この件はこちらに」とたらい回しになるのが、イヤだったからです。

ネットは24時間３６５日、どこからでもアクセスできます。**介護用品の購入はもちろんのこと、福祉施設の情報や介護方法などさまざまな情報が得られる**ので、用途に応じて参考にさせていただきました。「知りたいこと」だけではなく、「自分と同じ境遇の人はいるのか」をネットで調べ、掲示板の書き込みなどで体験談を見つけては、「自分だけではないんだ」と、共感したものです。

一方で介護を始めた当初、違和感を覚えたのは「がんばらない」という言葉。介護をしている者の代わりはいません。「がんばらなければ誰がやる」とよく歯ぎしりをしたものですが、のちに言葉の意味がようやくわかりました。

「自分ががんばらなければ」という責任感から気がつかないうちに「自分ひとりが背負おうとする」のです。そして、介護地獄に陥る……。

こういうこともネット上に公開されている掲示板の体験談を通して知ることができました。最近はフェイスブックやツイッターなどのSNSで、介護情報を積極的に発信しているコミュニティーもあります。

昔は掲示板、いまはSNSのコミュニティーには「こういうときはどうしたらいいのでしょうか」という問いに、さまざまなアドバイスが書き込まれています。**掲示板やSNSがすばらしいと思ったのは、問題解決に導く書き込みがある**ことです。

精神的に疲れていると、人と会うのもおっくうになったり、言いたいことも伝えられなかったり、相談したいと思っていても相手が気になったりと、目的が達成できない場合があります。そんなときにネットの掲示板やSNSを利用してみてはいかがでしょう。

悪口や誹謗中傷を書き込まないなど一定のルールが守られているサイトであれば、とてもいいコミュニケーションツールになると思います。

インターネットを活用しよう！

精神的に疲れていると、介護用品を購入しに出かけるのも、わからないことをケアマネジャーに聞くのもおっくうになります。そんなときは、インターネットを活用しましょう。福祉施設の情報を得るのはもちろんのこと、介護用品の購入や介護で戸惑ったときに相談できるサイトもあり、私はずいぶんと助けられました。

・ＷＡＭ　ＮＥＴ（ワムネット）

http://www.wam.go.jp/
介護・福祉・医療施設の検索をはじめ、行政資料や福祉用具の閲覧など、福祉・保健・医療の情報を総合的に提供している情報サイト。

・ふくしチャンネル

http://www.fukushi.com/
福祉や介護に関する情報発信・相互交流を目的としたサイト。

・介護１１０番

http://www.kaigo110.co.jp/
初めて介護に直面した人や介護現場で働くケアマネジャー・ヘルパーを励ます相談・情報サイト。

・とうきょう福祉ナビゲーション

http://www.fukunavi.or.jp/fukunavi/
東京の福祉サービス、福祉施設などの紹介のほか、全国の区市町村ごとに相談窓口や事業者を検索できる。

父の背中

父は2007年6月に他界しました。その年のお正月に食事をのどに詰まらせて、病院に駆け込んだら末期の食道がんが見つかりました。

すでに気管支のほうまで進んでおり、手のほどこしようがありませんでした。放射線と抗がん剤治療を1カ月程度行い、桜が咲く頃、食事がとれるようになり、一時退院しました。

その後、「食べたい」と思った物をひと通り食べ、また1カ月ほど経ったときに容態が急変して、病院で息を引き取ったのです。享年78歳。

振り返ってみると、父は健康のために何かをしたことはありません。タバコも1日1箱吸い、好き放題に人生を謳歌し〝P・P・K〟（ピンピンコロリ）で逝ったのです。理想的な最期だと思います。

父は個人タクシーを40年間続けていました。高齢と持病の心臓病が悪化したため、亡くなる1年前に廃業しましたが、77歳まで1週間5日夜中に働き、明け方帰ってくる生活を続けていました。

同業者の方たちが、お線香を上げに自宅にきてくれたときのことです。

父は私が書いている週刊誌「サンデー毎日」をどこかで買ってきては、仕事の合間、ガソリンスタンドに集まる同業者に見せていたそうです。

仲間のひとりがこう振り返っていました。

「お父さんはね、『自分は一切文章は書いたことがないし、むしろ苦手なほうなのに、誰に似たんだろう』と雑誌を広げながら誇らしげに話していましたよ」

家で仕事の話は一切したことがありませんでしたが、私がいつ、どんな記事を書いたのか、私よりもその人たちのほうが、詳しく覚えていてくれました。

私の仕事は不規則なので、父が仕事に出かける夜9時頃に帰宅することはありません。顔を合わせるのはだいたい朝ですが、そこで「どんな仕事をした」と話したことは一切ないのです。

じつは私は、30代前半の頃から何度か転職を試みたことがありました。しかし、たいていの会社に最初の履歴書を送る段階で落とされてしまい、面接にまでたどり着けない。たどり着いても面接官には、「今の会社を辞めないほうがいいんじゃない」と言われて、結果はすべてダメでした。そのため、資格を取ろうと考えたのです。転職する際に履歴書にひとつでも多くの「特技」を明記するために取り始めたのです。

居間で親たちの前で、「こんな会社辞めてやる！」と愚痴をこぼしたときは、「俺が食わしてやるからイヤなら辞めてもいいよ」と、なぜかニタニタ笑いながら答えていました。すでに70歳を超えていたので、本来であれば、私が父や母をラクにさせなければいけない立場だったのに……。

そうこうしているうちに、30代後半にさしかかり、父が他界。思わぬところで、私の仕事に対する父の思いを知ったのです。

「書くこと」に対して、一番支援し、一番誇りを持ってくれたのは、父でした。

親元にいた「パラサイトシングル」だったからこそ記者を続けられたのだと、改めて両親に感謝をしました。そして、このときから、私は書くことにこだわるようになりました。

金銭の不安が消えたとき

介護の本を読むと、「介護をするとあなたの世界が広がります」「誰かに感謝をすると良い気持ちになります」と書かれています。

このときの私は介護をして良かったと思ったことがありませんでした。

「自分の人生は終わったも同然」

「なんで自分ばかりが親の面倒を看なければならないのか」

「生まれ変わったら人間だけはイヤだ」……。

介護を始めた当初は、1日24時間そんな気持ちでした。最近はそこまで思い詰めていませんが、その気持ちがすっかりなくなったわけではないのです。

前章で、ページの左半分に介護をして良かったこと、右半分に日々の生活でうれしかったことを書くという「ハッピーノート」を紹介しました。私は日々の生活でうれしかったことは書けるようになりましたが、介護で良かったことはいまだに書けません。

ある人のお話だと「主人が笑ってくれた」ということを書いているそうです。最近では母も笑いますが、それが良いことだとはどうしても思えないのです。

なぜ、良いことが書けないのか……。

それは、**介護は負担だという思いが抜けない**からです。もしかしたら、これが夫婦間の介護と、おひとりさまの介護の違いなのかもしれません。

介護が負担だと思う原因は、金銭的な不安がつきまとっているからです。

父が死んだとき、私は700万円程度の預金を持っていました。それが葬式やらお墓代やらで消えていきました。そして、母が入院。お金が飛ぶように出ていきました。

貯金が300万円を切ったときには、恐怖が襲ってきました。

そして、2度目の病院を退院する際（2008年10月）、半年ごとに入院して治療しなければならないかもしれないと医師に言われたとき、真っ青になりました。小銭が出ていくことにすらも目を光らせるようになりました。2009年8月に診察を受けたとき、もう入院の必要はないと言われ、半年ごとの入院というのは1度もせずにすんだのですが、その診断を聞いたとき、心の中で手を合わせていました。

私はもともとケチな性分です。資産運用とかが大好きで、まとまった額を持っていないと落ち着かないタイプです。もっとおおらかな人間だったら、ここまで金銭のことでやきもきしなくてすんだかもしれません。

私も貯金が300万円を超えたら、不安が少し軽くなると思うのですが、今はまるで貯金ができない生活を送っており、いつ貯まるのか、見通しもつかない状況なので、もうしばらくは不安から逃れられそうにありません。

2010年1月、孤独死をテーマにしたテレビ番組を見た後、母がぽつりと言いました。

「自分は幸せだ」

私が返した言葉は「今頃わかったか」でしたが、母の言葉はうれしかったです。**言葉ひとつでラクになれる**ことを感じました。同時に、母に文句ばかり言われるのがうれしくなかったんだな、とも思いました。

介護をして良かった……。

親が死んだとき、そんな気持ちになれればいいなと、今ではそう思えるようになったのが、私の中での変化かもしれません。

母の今後

先日、介護者の会で知り合った女性（40代）と再会し、意見交換をさせていただきました。70代前半の母親の体調が近年おもわしくないとのことでした。もともとスポーツ万能で、夫婦で山登りをするのが趣味。ところが、70代に突入したら足腰が急激に弱ってしまい、昨年夏には膝に人工関節を入れる手術を受けたそうです。1カ月半入院したため、すっかり体力が衰えて、要介護認定では「要介護2」を判定され、デイサービスに週に数回通っていると語っていました。

私が驚いたのは、女性の母親はウォーキングをしていたのにもかかわらず足腰が急に弱っていったということです。山登りや歩くことなど、足腰を鍛えることこそ、老化防止になると思っていました。

弱った原因は「骨」の老化、骨粗鬆症でした。全身の骨がもろくなり骨折しやすくなるので、とくに負担のかかりやすい〝太ももの骨の付け根〟（大腿骨頸部《だいたいこつけいぶ》）や〝背ぼねの骨〟（脊《せき》椎《つい》）の骨折がおこりやすくなるそうです。

日本国内の骨粗鬆症患者は、潜在患者も含めると1000万人を超えるといわれており、その大多数が閉経後の女性です。

私の母も骨粗鬆症から腰痛がひどくなり、痛みをがまんするために床に伏す日が続きました。そこで、病にかかり入院が長引いたことで腰痛がさらに悪化してしまいました。今は車椅子の生活がすっかり慣れたので、たまに歩くと心臓に負担がかかってしまう。歩かなければますます足腰が衰えてしまう。高齢者の体も複雑です。寒い時期になると散歩にも出かけられず、猫のように布団の中で丸くなっているのが、またよくないようです。**カルシウムを摂取しなければ、さらに骨粗鬆症が進行する**と医師に言われたため、現在はカルシウムの薬を服用していますが、どう回復させたらいいのか模索中です。

母は今ではケアハウスの生活になれ、楽しそうに話をするようになりました。いまだにレクリエーションには参加しないそうですが、友だちもでき、ヘルパーさんとも散歩するようになりました。

2010年2月、ヘルパーさんから、「お母さんにお小遣いを渡してもらえませんか」と言われました。みんなで散歩に行くとき、母だけがお金を持っていないので何も買えないというのです。

ケアハウスには売店も自動販売機もなく、私以外の人と外出をすることもなかったので、ひとりでお金を使う機会がないから、お小遣いは渡していませんでした。買い物は頼まれても、「お金がほしい」と言われたことは1度もなかったのです。

ヘルパーさんに言われて、母に5000円程度を渡したら、とても落ち着いてきました。買い物も本当に必要な物しか要望しなくなったのです。

私と同じように、**母も金銭が手元にないことで不安を抱えていた**ということに気がつきました。もしかしたら……、**私が気づいていないことが、まだたくさんある**のかもしれません。

いずれは母も旅立つときがくるでしょう。

父の最期はあっという間でした。

病院に差し入れを持って行ったり、世話をすると「ありがとう」と父から何度も声をかけられたことを思い出しました。それまでは1度も聞いたことがない言葉だったので、気味悪い思いをしたものですが、父は何の悔いもない人生を送っていることがわかり、それが私にとっては救いでした。

私は自分がラクになりたい一身で、「早くラクになりたい。早く逝ってくれないかな」と心の中で何度叫んでいたことでしょう。ラクになりたいという気持ちは消えていませんが、母のことも考えられるようになりました。

母は人生の最終章を迎えています。「悔いのない人生だったと振り返れるようになってほしい」と願えるようになったのです。

母はまだまだ思い残すことがあるようです。

悔いの残らないように、母に余生をおだやかに過ごしてもらうことが、私の務めだと思うようになりました。

三歩進んで二歩下がる気持ちで

私は2000年から植樹ボランティアを続けています。

これほど長く続いたのは何が要因なのか。しみじみ考えてみました。

2009年秋に、新潟県の苗場山のふもとに広がるブナの原生林を散策したとき、その答えが見つかりました。

木はどんな気象条件にも耐えながら、1年で1ミリずつ生長しています。

幹の周りが3メートル近いブナは、樹齢約500年とも言われています。どっしり根を下ろし、人や街の栄枯盛衰を眺めているのです。大きなブナを眺めると、人の抱える悩みなど小さいものと思えてきました。

「もうダメだ」と何度も限界を感じていましたが、木たちから励まされている気がしてきたのです。木を眺めているうちに、介護も乗り切れそうかな、と少し前向きになってきました。

私の介護はまだ入り口です。

これから何年続くかわかりませんが、あまり気を張らないで関わっていこうと思っています。**「ダメなときはダメだ」と、正直に言葉に出す**ことにしました。周りの人から「介護が大変ですね」と言われたら、冗談交じりに「貧乏暇なしで本当に大変なんですよ！」と返事をしています。取りつくろうことをやめました。30代の頃は「何歳までに結婚をしなければ」、「何歳までに仕事で成果をあげなければ」と意味もなく焦っていました。でも、目標を立てると、達成できなかったときに失望するので、目標を立てるのも止めました。

ひとつトラブルを解決すれば、またひとつ問題が出てきます。今は右往左往しながら、ハードルをひとつひとつ、飛び越えている感じです。ハードルは高くて飛べないこともたまにはあります。そういうときはあえて飛ばなくてもいいやと思えるようにもなりました。

介護で失った時間をどこかで取り戻すために「がんばってやりぬかなければ」と、必死になりすぎたため、私は暗闇のトンネルの中に入り込んでしまったのです。多少遠回りや寄り道しても、そういうときもある。**気負わないで取り組むことも長く介護を続けるためのコツ**なのだと思いました。

私の「おひとりさま老後」プラン

「結婚してもしなくても、みんな最後はひとりになる」

東京大学名誉教授・上野千鶴子さんのベストセラー『おひとりさまの老後』（2007年、法研）の書き出しを読んで、「ひとりは自分だけではない」と、思わず安堵しました。

定年退職後、60代以降の所持金によって住まいや暮らし方が変わってきます。そこで、どれだけのお金を自分は残せるのか調べてみました。

退職金は期待できない上、親の施設費を捻出している間は貯金もできないので、頼りは年金です。しかし、「ねんきん定期便」を見ると65歳から取得できる年金額はあまりに低く、悠々自適とはいかないようです。改めて、体力が続く限りジャーナリストでがんばると、〝生涯現役〟を誓いました。

次に、田舎と都会のどちらで暮らすのかを考えてみました。

リタイア後に、退職金と年金でのんびりと田舎で余生を過ごしたいと思う人も多いでしょう。

私自身も山に出かけるのは好きですが、田舎には住めないと実感したことがありました。

1度も地方で暮らした経験がないため、自宅から半径数十メートル以内に、診療所やコンビニエンスストアがない生活が想像できないのです。

地方の生活では、車は不可欠で数十分運転しなければ、病院にかかれないという話をよく聞きます。やはり、ポイントは急な体調不良のとき、どうするか。その点を考えて都会のほうが自分には合っていると思いました。

母は、倒れる前に通っていた整形外科で、ある女性と親しくなったそうです。その人は母よりも年上で、同じくご主人に先立たれた姉と2人で近くのフィットネスクラブに通うのが日課。クラブにはお年寄りのためのコースがあり、プールの中をひたすら歩いて足腰を鍛える。ひと汗かいて入浴してから帰るのが定番でした。

母もクラブへの入会を誘われたそうですが、腰痛がひどいのを理由に断ったと聞きました。その話を聞いて、私は元気なうちは今のマンションで暮らし、老後は近所に住む姉とフィットネスクラブに通うのもおもしろそうと思ったものです。

問題は、自分が「要介護状態」になったときでしょう。

要介護度が軽いうちは、自宅に住みながらデイサービスなどに通わざるをえないのでしょうが、親にあれだけ勧めていたのにもかかわらず、いざ自分が通うとなると、レクリエーションを煩わしいと思うかもしれません。

理想の住まいは、「高齢者専用マンション」です。大浴場付きで、自室で介護サービスも受けられます。24時間管理人が常駐し、部外者は受付をしなければ中に入ることができないセキュリティーの厳重さに、ひとりで住む心地良さを見つけました。価格も2000万円台でマンションを買うよりもお得、でも残念なことに物件は関西に集中して、関東の物件数は少ないのです。

そこで注目しているのが、関東近郊などにある協同住居型集合住宅「コレクティブハウス」です。NPOなどが運営し、個室のほか食堂などの共有スペースがあり、炊事、清掃の一部は入居者が共同で行うというシステムです。入居金も300万〜500万円台、家賃は15万円前後、物件によって違いますが、有料老人ホームよりも安く、個室も確保できるのが魅力のひとつです。介護サービスは付いていないので、要介護状態になったら、他の事業者が運営する介護保険の在宅支援サービスを受ける方法もあります。

個室もトイレや洗面所が付いているかどうか、プライバシーを尊重すれば家賃はそれに応じてかかってきます。ただ、設備面で欲を出したらキリがないというのが、介護施設を探しての実感です。

私が介護でお世話になるのは、あと40年ぐらい先でしょうか。

その頃、定年退職を迎える甥や姪に老後の面倒や金銭的な負担を負わせないためにも、最終的には施設に入る選択をするでしょう。

それまでに、「コレクティブハウス」のような新しい形態の高齢者施設が増えてほしいと願っています。

あとがき

「こんなはずじゃなかった」

嘆きで始まった私の「おひとりさま介護」。あっという間に月日は流れてアラフォーだった私はアラフィフになり、介護はもうじき丸13年になろうとしています。

「お母さんはお元気ですか？」

と問われるたび、

「はい、まだ生きています（笑）」

と、軽快なジョークが飛び出すほど、おかげさまで母は元気で、なんと米寿（数え年で88歳）を迎えました。姉とは「死の淵をさまよってもゾンビのように生き返る！」と笑い合い、生命力の強さにあらためて驚愕している毎日です。

２０２０年春から新型コロナウイルス感染拡大のため、入所しているケアハウスでは面会禁止となり、１カ月半に一度、通院の付き添いが母娘の時間となりました。キャッチボールをするような会話はすっかり減り、久しぶりに顔を合わせても世間話をすることもなく、

「今日はいいお天気ね」、「うん」。こんな一言、二言で終わってしまいますが、それでも、娘の顔を見て安堵している様子が伝わってきます。

家族に代わって母の面倒を看てくださる介護スタッフの皆さんのおかげで、母は大病を患っても回復し、元の生活に戻って、おだやかな余生を送ることができていると思います。そのため、私自身もいつの間にか「介護者である」ことを忘れてしまうほど仕事に専念でき、シングルでも充実した日々を過ごしています。

施設への入所を選んだことは間違っていなかったとあらためて実感しました。

母が倒れたのは2008年5月。父が前年に急死してから母は〝夫ロス〟になり、食が細くなって、うつ病のような状態になりました。急性心不全で倒れてから一命をとりとめたものの、意識不明の期間が長かったため、寝たきりに近い状態になりました。いま思うと、そこでしっかりとリハビリを行っておけば元気老人になったはずですが、運動すると心臓に負担がかかるので安静にする生活が続きました。

在宅介護していた期間はそれから1年足らずで、2009年3月にはケアハウスに入ることができました。しかし、施設に入所後もトラブルは続きました。肺の感染症、大腿骨《だいたいこつ》骨折、皮膚ガン、心不全と、数年に一度は入院し、施設から呼び出されることもしょっちゅうでした。

ある日のことです。「腸閉塞かもしれないので病院に連れて行ってほしい」と施設から連絡が入り、仕事先から病院に直行。救急入口のところで、タクシーに乗せられた母をピックアップして治療室に向かったことがありました。顔面蒼白な母の顔を見て、「これから緊急手術になるかもしれない」と覚悟を決めたものの、先生が待合室にやってきて「ひどい便秘でした。もう帰っていいですよ」と一言。腸内洗浄を行って治療は終わり。入院用の道具一式を抱えてタクシーで母を施設に送って行ったということがありました。

結果は笑い話のようですが、私にとっては大変なことでした。仕事先から病院に行き、母を送り、また職場に戻って作業を終わらせなくてはなりません。このようなことを繰り返す生活が続いていくうちに、いつしか心身ともに疲弊してしまいました。

介護がスタートしたときは、週刊誌「サンデー毎日」に所属していました。毎日出勤している専属記者ではありますが、それでも自分の都合で仕事のスケジュールを組めるため、時間を作りやすい職種であったと思います。しかし、2011年東日本大震災の後、仕事がハードになりました。それとともに時間を作ることが難しくなっていったのです。30代のときは徹夜しても翌日普通に仕事ができましたが、40代に突入すると睡眠を取らないと体がもちません。

「会社を辞めたい」と、当時の編集長にも相談しました。編集長は「このまま辞めるのはもったいない」と様々な条件を提案してくれましたが、2011年6月、父の命日に私は辞表を出してしまいました。この本を出版したのは2010年。そのときには「介護離職は考え直して！」と訴えていたのですが、舌の根も乾かぬうちに、私は退職しました。

体がもたない、というのが退職の大きな理由でしたが、大震災も大きなきっかけとなりました。当時、多くの人がキャリアを〝リセット〟したように、私もリセットを考えたのです。するど、自分のやりたいことが明確になっていき、新しいことにチャレンジしたいという思いが私の中で大きくなったのです。離職後の道筋も立てることができ、幸いにも後先考えない行き当たりばったりの退職をしないですみました。

私は今でも行き当たりばったりの離職には賛成ではありません。介護のためだけに離職するのではなく、自分にできることがあればそれをフックにして、自分の今後を柱にして考えたほうがベターです。どの家族にも当てはまることではないかもしれませんが、自分のことを大切にしたほうが家族も喜んでくれるでしょう。

その後、フリーランスの記者としての生活が始まりましたが、介護をする立場にとっては好都合でした。基本的に自宅で仕事をするので通勤はなし。原稿の締め切りに合わせて時間のやりくりができるので、平日の午後、病院が比較的空いている時間帯に、母の通院の付き添いができるようになりました。以前は、通院の付き添いの後、職場に戻らなければならなかったので、時間を気にして待合室でも「まだ呼ばれない」とピリピリしていましたが、いまは病院帰りにお茶して帰るという時間的余裕が生まれました。

「余裕」というのは大切だと、つくづく感じます。時間的余裕、心身的余裕をもつことが、自分を追い詰めずにすみます。施設から急な呼び出しがあったとしても仕事の都合がつけやすくなり、付き添いが、ひいては介護が苦痛だとは思わなくなりました。

さらに、大きな分岐点となったのは、２０１３年にファイナンシャルプランナー（ＡＦＰ、ＦＰ２級）の資格を取ったことです。

母の介護が始まった頃、私は資格の学校に通っていましたが、勉強どころではなくなってしまい、資格取得をいったんあきらめました。描いたキャリアが思い通りにいかない、物事がうまく進まないことで焦りや不安が募り、ささいな出来事をきっかけに母に八つ当たりしてしまったときもありました。うまくいかない出来事は全部「親のせい」、「介護のせい」と思っていて、「どうせ自分は何をやってもダメだ」と卑屈になっていました。

しかし、これも震災の影響ですが、やりたいことがあってもできない人たちがたくさんいるのを目の当たりにしたことがきっかけとなり、もう一度挑戦し直したのです。

そして、資格を取った後、たとえうまくいかない、不愉快なことがあっても、「介護のせい」だとは思わなくなりました。年齢のせいもあるかもしれませんが、一晩寝ると忘れてしまうような楽天家になりました。お金や介護などの社会保障をテーマにした執筆も増えて、著作が増えていったのも、出来事を肯定的にとらえるひとつになったと思います。

ほかの著者の方が介護の本で書かれていたやり過ごすためのフレーズ、「まあいいか」「がんばらない」という心境にやっとなれたということです。

母の介護がスタートする前年に父が末期ガンで急死してから、「トラブル続きの人生だ」と悲観していたのが、そうでもない。「親を看取り、介護を経験したからこそ、社会保障制度により詳しくなった」と、自分の身に降りかかった出来事を前向きとはいかないまでも、肯定的にとらえられるようになったのです。これは大きな心境の変化でした。

２０１０年に本書『おひとりさま介護』を出版するきっかけとなったのは、週刊誌の記事でした。「サンデー毎日」２００９年4月12日号の特集「『終の住処』徹底調査」で「本誌30代記者体験リポート　私が母の安住の地を見つけるまで」を書くことになったのです。この記事が意外にも社内外から反響をいただくことになり、介護や社会保障をテーマにした記事を担当する機会が増えていきました。

２００９年7月から中央法規出版のウェブサイト「けあサポ」内で連載「シングル介護のホントのところ」を約1年間担当しました。その内容をベースに一冊にまとめたのがこの本です。出版から10年後、増補改訂版として出してくださるというお話をいただいたとき、10年前の仕事が評価された気がしました。査定がないフリーランスにとっては「評価を受ける」というのは例がないことなので、とてもうれしいです。

また、思いがけない出来事として10年前、この本を読んでくださった介護離職をしたあるおひとりさまが、本の中で紹介した「介護者の会」にアクセスして、新たに道を切り開いてご自身で介護者向けのビジネスを立ち上げたのです。一人ひとり置かれた状況は異なりますので、私よりももっと大変な介護をしている方も大勢いらっしゃると思います。でも、この本が問題解決の手助けとなったのは、著者として素直に喜びたいと思います。大切なのは、一人で抱え込まないで相談すること。私も介護がスタートしたときは、「何をどうしたらいいのかさっぱりわからない」と、役所の担当者に泣きついたことがありました。介護や医療に関する「困り事」をノートに書き出してみると、頭のなかが整理されて相談先や質問の仕方がわかってきます。

「つらい」と思ったときこそ、我慢しないでほしいです。

まだ介護の途中なので、これから何が起こるかはわかりませんが、取材者としての視点を持ちながら、あまり気負わず、マイペースを保ちながら、情報発信していきたいと思います。

この本の執筆にあたってご協力いただいた皆さまと、葉月社の伊藤啓子さん、河出書房新社の東條律子さんにあらためて、心からの感謝を申し上げます。

2021年1月

村田くみ

介護保険の基本

40歳以上は、全員が被保険者となって介護保険料を負担します。介護保険料は払っているけれど、その内容はわからないという人は意外と多いのではないでしょうか。ここで、介護保険の基本を確認しましょう。

① 介護保険に加入する人

40歳以上の人は加入。保険者は、市区町村。

② 保険料の決め方と納め方

・職場の医療保険に加入している人
報酬に応じて保険料が決められ、給与から徴収。
・国民健康保険に加入している人
算定方法に則って算出、世帯主が国民保険料として納める。

③ 介護保険サービスを利用できる人

・1号被保険者（65歳以上）
原因を問わず、介護が必要になったら介護保険サービスが受けられる。
・2号被保険者（40～64歳の人）
特定疾病により、日常生活の支援が必要になったとき、介護保険サービスが受けられる。

④ 介護保険サービスを受けるには認定が必要

介護保険サービスは、要介護認定を受けなければならない。認定結果に不服があるときは、「介護保険審査会」に申し立てができる。

⑤ ケアプランの作成

介護保険サービスを受けて、介護保険の給付を受けるには、要介護者の同意を得てケアプランを作成し、市町村にあらかじめ届けなければならない。ケアプランにのってないサービスは原則として保険が効かない。

⑥ 保険給付額

介護保険で利用できる額には上限があり、その1割を利用者が負担する。上限を超えたときは、全額利用者負担。また、利用者自身へ現金の支払はない。介護保険サービスを提供した業者が国に請求する。

訪問介護事業者を選ぶときのチェックリスト

訪問介護事業者を選ぶときは、「有名」「規模が大きい」という基準ではなく、利用したいサービスがきちんと受けられるか、何かあったときにきちんと対応してくれるかどうかで決めましょう。このチェックリストは訪問介護だけでなく、通所介護でも、施設介護でも当てはまりますので活用してください。

選ぶときのポイント

① どのようなサービスがほしいか 何をしてほしいのか、いつ訪問してほしいのかを具体的に考えておく。
② 重要事項説明書を見ながら話を聞く 事業者はどんな介護を行い、その料金や事業者の状況などを書いた「重要事項説明書」（無料）を手渡しし、内容を説明して利用者の同意を得なければならない。利用者は、内容をあとで確認できるように、「重要事項説明書」を見ながら説明を聞く。
③ 納得するまで話を聞く 質問に対して事業者はわかりやすく答えてくれるかどうかを確認する。納得できないときは、ほかの事業者を選ぶことができる。

選ぶときのチェック項目

◆ 重要事項説明書

・どんな介護をするのかについて書いてある「重要事項説明書」を受け取りましたか？　それはわかりやすいものでしたか？　（はい　いいえ）

◆ 事業所について

・営業時間外や休業日、連休、年末年始の対応の説明はありましたか？
（はい　いいえ）

・事業所の職員の人数や資格が「重要事項説明書」に書かれていましたか？
（はい　いいえ）

◆ 業務内容

・してもらいたいサービスの具体的な内容や手順（着替えの介助や掃除の方法など）が、利用したい内容になっていましたか？
（はい　いいえ）

◆ 訪問介護の曜日変更

・ホームヘルパーにきてもらう日やホームヘルパーを変えたいときの手順について説明がありましたか？　（はい　いいえ）

◆ サービス提供責任者

訪問介護事業所には、訪問介護の計画の見直し、緊急時の対応などをする「サービス提供責任者」がいます。普通は実際に訪問するホームヘルパーとは違う人です。

・急な出来事が起きたときに相談する責任者は誰か、どのように連絡を取るのか確認しましたか？　（はい　いいえ）

◆ 介護保険サービスと介護保険外サービス

事業者によっては介護保険が使えないサービスも提供しています。介護保険が使えないサービスを利用するのは自由ですが、費用は全額利用した人が支払わなくてはなりません。

・「重要事項説明書」には、介護保険が使えるサービスと使えないサービスがはっきりとわかるように書かれていますか？　（はい　いいえ）
・「介護保険を使うのであれば、このサービスも必要です」といった説明がありませんでしたか？　（はい　いいえ）

◆料金や支払方法

・介護保険ではかかった費用の１割を事業所に支払います。利用料と支払方法はわかりやすく書かれていますか？　（はい　いいえ）
・（遠く離れた事業所を選んだ場合）利用料のほかに交通費を請求されることがあります。交通費について説明がありましたか？
（はい　いいえ）

◆ 苦情対応

「時間通りにホームヘルパーがこない」「物をこわされた」といった苦情に対し、事業者がどのように対応するかを知っておくことが大切です。
・苦情や相談、意見を受け付ける担当者は誰か確認しましたか？
（はい　いいえ）

◆緊急時・事故への対応

事業者は緊急時や事故が起きたとき、速やかに対応しなければなりません。また、傷害が残る事故が起きたら、損害賠償を速やかに行わなければなりません。

・からだの調子が急に悪くなったとき、どのように対応するのかわかりやすく書かれていますか？　任せられますか？　（はい　いいえ）
・事故が起こったときにどうするのか、お金がかかったときなどは、どのように補償されるのか書かれてありますか？　（はい　いいえ）

◆契約書の内容

事業者と契約を結ぶときは、「契約書」が必要です。これは、「重要事項説明書」とは別ものです。

・契約をやめるとき、どうすればいいのかはっきり書かれていますか？　（はい　いいえ）
・契約書の内容について不安はありませんか？　（はい　いいえ）

◆再確認

・この事業者と契約しようと思いますか？　（はい　いいえ）

事業者を決めて利用することになったら……

「訪問介護計画」の書類をもらい、責任者から「どんな介護を」「何のために」「いつ利用するのか」といったことについて説明を受けましょう。

『よりよい訪問介護事業者を選ぶためのチェック項目例～解説編～』（厚生労働省）を参考に作成

親が元気なうちに把握しておくべきこと

1. 親の老後の生き方の希望

①介護が必要になった場合、誰とどのように暮らしたいか
②子どもに介護してもらうことへの抵抗感はあるのか
③介護施設に入居するか
④最期はどこで暮らしたいと思っているか
⑤延命治療を希望しているか

2. 親の生活環境や経済状況

①親の1日、1週間の生活パターン
②高齢になって困っていることや不便に感じていること
③どれくらいの生活費で生活しているか
④親の財産(預貯金、株式、保険、借入、年金など)
⑤大切な書類(健康保険証、介護保険証、病院の診察カード、年金手帳、生命保険証書、預金通帳、印鑑類など)の保管場所

3. 親の趣味、嗜好

①趣味や楽しみ
②好きな食べ物

4. 親の周囲の環境・地域とのつながり

①近所の友人や地域の活動仲間の名前・連絡先
②地域の民生委員や配達員など、家族や友人以外で親の安否を確認できる人の有無と連絡先

5. 現在の親の行動面・健康面の状況

①食事のとり方
②耳の聞こえ方
③トイレ・排泄
④動く様子（歩き方、歩く速さ、つまずく、転ぶなど）
⑤物忘れの傾向（同じものを買い込んでいないかなど）・頻度
⑥親の既往歴や血圧など
⑦親の服用している薬（市販薬を含む）やサプリメント
⑧親のかかりつけ医
⑨親の不安・悩み

6. 介護を行う側の状況の把握

①兄弟姉妹・配偶者の介護に対する考え方
②兄弟姉妹・配偶者の親との関係性
③兄弟姉妹・配偶者の健康状態
④兄弟姉妹・配偶者のそれぞれの家庭の状況（子育ての状況、他の要介護者の有無など）
⑤兄弟姉妹・配偶者の仕事の状況（勤務形態、転勤の有無、残業の有無、出張の頻度、勤務先の仕事と介護の両立支援制度など）

参考資料：厚生労働省ホームページ　（https://www.mhlw.go.jp/）

ケアマネジャーに相談する前の確認事項

突然介護が必要になったとき、ケアマネジャーは頼れる存在です。ケアマネジャーへ相談する際に、何を伝えるべきか、確認すべきかをまとめておきましょう。ケアマネジャーと十分な情報共有を行うことが、仕事と介護の両立につながります。

1. あなた自身について

① 介護のこと

- あなたの介護に対する考え方
- あなたの介護経験の有無
- あなたが介護を担える時間帯
- 介護を分担できる兄弟姉妹・配偶者などの有無
- 介護サービスや介護施設を利用すること（親の介護を他人に任せること）への抵抗感の有無

② 生活のこと

- あなたの1日や1週間の生活パターン
- あなたの健康状態・通院の有無
- あなたの家庭の状況（配偶者や子育ての状況など）
- 仕事の状況（仕事内容、出社・帰宅時間、残業の有無、出張頻度、転勤など）

2. 介護が必要な人について

① 介護のこと

- 食事のとり方や耳の聞こえ方、トイレ・排泄の変化
- 動く様子（歩き方、歩く速さ、つまずく、転ぶなど）の変化
- 物忘れの傾向（同じものを買い込んでいないかなど）・頻度
- 既往歴や服用している薬（市販薬を含む）やサプリメント
- かかりつけ医
- 子どもに介護してもらうことへの抵抗感の有無

- 在宅介護サービスの利用意向
- 介護施設への入居意向
- 最期はどこで暮らしたいと思っているか

② 生活のこと

- 1日、1週間の生活パターン
- 近所の友人や地域の活動仲間の存在
- 地域の民生委員や配達員など、家族や友人以外で親の安否を確認できる人の有無
- 趣味や楽しみ
- 好きな食べ物
- 生活に関する不安や悩み

3. 勤務先の両立支援制度について

① 法定の両立支援制度

- 介護休業　　(利用意向:有・無)
- 介護休暇　　(利用意向:有・無)
- 所定外労働の制限　　(利用意向:有・無)
- 時間外労働の制限　　(利用意向:有・無)
- 深夜業の制限　　(利用意向:有・無)
- 介護のための所定労働時間短縮等の措置　(利用意向:有・無)

(次にあげる制度の確認　①短時間勤務、②フレックスタイム制度、③始業・終業時刻の繰上げ・繰下げ、④介護サービス費用の助成、⑤その他これに準じる制度)

② 勤務先にあるその他の両立支援制度に何があるのかを確認しておきましょう。

参考資料:厚生労働省ホームページ　(https://www.mhlw.go.jp/)

本書は二〇一〇年六月刊行の『おひとりさま介護』を大幅に加筆修正した増補改訂版です。

情報については最新のもの（二〇二〇年十二月現在）に変更しました。

村田くみ

（むらた　くみ）

1969年生まれ。週刊誌「サンデー毎日」記者を経て、フリーランス。2008年から母親の介護をしながら、ライター、ファイナンシャルプランナーとして、介護・社会保障・マネー関連の記事を多数執筆。2016年から一般社団法人介護離職防止対策促進機構アドバイザー。2020年から広島の被爆体験伝承者として活動開始。著書に『書き込み式！　親の入院・介護・亡くなった時に備えておく情報ノート』（翔泳社）、共著『介護破産』（結城康博共著／KADOKAWA）がある。

おひとりさま介護　増補改訂版

すぐに使える！　介護の手続き情報付

二〇一〇年六月三〇日　初版発行
二〇二一年二月一八日　増補改訂版初版印刷
二〇二一年二月二八日　増補改訂版初版発行

著　者――村田くみ
装　丁――長尾敦子
装　画――久村香織
発行者――小野寺優
発行所――株式会社河出書房新社
〒一五一-〇〇五一
東京都渋谷区千駄ヶ谷二-三二-二
電　話――〇三-三四〇四-一二〇一〔営業〕
〇三-三四〇四-八六一一〔編集〕
http://www.kawade.co.jp/

組　版――株式会社キャップス
印　刷――株式会社亨有堂印刷所
製　本――小泉製本株式会社

Printed in Japan
ISBN978-4-309-02948-1